KB134155

『그럼에도 불구하고』

달려라, 직업군인

정 진 호 저

星 山

들어가는 글

직업군인이란,

전문직 종사자로서 군법(軍法)에 저촉을 받으면서 국민의 생명과 재산 영토를 보위하기 위해 저마다 전문(professional) 영역을 구축해 나가고 있는 집단이다.

아울러 조국과 민족을 위해 무한 봉사 하는 것을 덕목으로 여기고 있다.

직업군인으로서 자격은 사병으로 의무복무 기간을 수행하면서 본인의 의사에 따라 장기복무지원한 사람과 처음부터 장기복무를 지원하여 이를 승인 받은 사람을 말 한다.

아울러 본서에서 직업군인은 **'현역과 예비역'**을 함께 다루고 있다.

이들은 민간신분에서 직업군인으로의 자격을 획득할 때까

지 각각 소정의 교육을 받는 기간부터 남다른 자부심과 긍지를 심어주고 명예와 충성, 위국헌신을 바탕에 깐 강도 높은 교육과정을 그치게 된다.

직업군인으로 임용이 되면 그에 걸맞은 계급과 급여가 따르게 되지만 품위유지와 자산 축적에는 턱없이 부족하다. 하지만 불평불만 없이 주어진 상황을 받아드리는 기본이 갖추어져 있다.

이런 기본 급여 외에는 재테크를 위한 그 어떤 수단과 방법이 없다. 즉 알지도 못하고, 알려고 기웃 거리지도 않는다. 그래서 직업군인으로서의 소임이 끝나는 날 이들은 속수무책으로 사방으로부터 세찬광풍을 받으면서 시베리아 벌판에 홀로 서 있는 자신을 발견하게 된다.

뒤늦은 후회도 하게 되지만 주변에는 아무도 없다. 이 순간에도 모든 것을 자기 탓으로 돌리는 순진무구한 어린 양 같은 존재, 군문에서 호령하든 기개는 모두 쓸모없는 것이 되어 버렸고 자꾸만 쳐지는 양어깨를 억지로 추슬러 보지만 목만 아프고 가슴도 헛헛하고 목소리까지 잠기는 이상 현상을 알아차리게 되는데 그리 오랜 시간이 걸리지 않는다.

순수집단의 건강한 청·장년들!

국가는 내팽개치듯 방관했고, 사회는 본체만체하고, 이제 스스로 다잡고 현실을 직시해야할 벼랑 끝에 서 있음을 한참 뒤에야 발견하게 된다.

그 어느 국가에서도 찾아보기 힘든 **'최상의 건강한 집단'**을 보유하고 있는 것이 대한민국이고, 알게 모르게 국가 위난이 닥칠 때 중심축 역할을 할 유일무이한 소중한 집단을 보유하고 있는 것이 대한민국이다. 이런 금싸라기 같은 집단을 애써 방치하고 외면하는 잘못된 현실을 고민해 봐야 한다.

더욱 신경을 써야할 부분은 현역에 복무하고 있는 '직업군인'은 무심한 덧 하지만 선배 예비역 직업군인의 여정을 뚫어지라 바라보고 있다. 그 길이 훗날 내가 걸어가야만 하는 길이기 때문이다.

고대에서 근 · 현대에 이르기까지 지구상의 국가는 국가보위를 위해서 자국의 역량에 따라 저마다 군대를 두고 있다. 국가가 처한 주변 안보환경에 따라 다양한 병력, 화력(무력), 장비를 갖추고 부족함을 보충하기 위해 동맹, 안보협력관계 유지와 각종 무기 및 탄약의 개발, 시험 훈련 등을 쉼 없이 전개하고 있다. 모두 합법적인 행위이다.

그러나 일부 국가에서 불법적으로 대량살상무기(핵, 미사일, 화학, 생물학)를 생산, 밀수출 하고, 실험과 개량을 반복하여 주변국가에 위협을 초래한 나머지 국제제재가 들어가고 **'악의 축'**으로 지정되어 독립국가로서의 각종 행위에 제약을 받아 민생이 도탄에 빠지는 사례가 발생하고 있다.

이러다 국가체제가 전복되고 내전이 발생하는 등 국제사회가 혼란에 빠지는 경우를 다수 목격하게 된다.

혼란이 극심해 지면 이것이 제3차 대전으로 연결될 수도 있는데 그 중심이 흑해 주변이 될지, 중동지역이 될지, 동남아 일대가 될지, 한반도가 위치한 동북아가 될지 한치 앞을 점치기 힘들 정도로 국제사회 안보환경은 시계 제로의 무법천지로 치닫고 있다.

과거 제1차 세계대전이 연합국의 승리로 끝나고 승승장구하든 독일은 전쟁 패배의 책임을 몽땅 뒤집어쓰면서 국가체제 유지에 위기 상황을 맞았지만 '히틀러'라는 괴짜 지도자가 나타나서 국난극복에 선봉장으로 나서게 될 때 가장 유용하고 효율적인 집단이 바로 독일의 '직업군인 집단'이었다. 참고로, 제1차 세계대전 당시 독일군 병력이 100만 명이었으나 패전 책임으로 10만 명으로 감축되었고, 독일은 이 중에서 4만 5천여 명을 간부로 구성했으며 이 병력을 근간으로 히틀러는 55만 여 명으로 증강시켜 다시 제2차 세계대전을 일으켰다.

부연 설명을 하면, 연합국 측(영, 불, 미)은 독일의 재무장을 간과하고 있었고, 독일은 패전 후 이를 갈면서 기회를 노리고 있었다. 히틀러는 1935년 3월 16일 베르사유 조약을 폐기하고 재군비를 선언하면서 1936년부터 주변국을 병합하기 시작하고, 불과 4년 후 1939년 9월 1일 제2차 세계대전을 일으킨다.

군의 간부를 정예화 시켜두면 유사시 어떤 형태로던 이 집단을 중심으로 군사력을 빠르고 유용하게 증강시킬 수 있다.

항간에 평화 무드를 더 높게 고무시키면서 군대의 존재 가치를 가볍게 여기는 경향이 쉽게 나타나고 있다.

여기저기서 툭툭 건드려도 잠자코 있는 모습이 만만해 보이는지 군대가 뼈도 없어 보이는 '**물 군대**'로 전락하지 않을까 우려된다. '**도가 넘치면 꼭 화를 불러일으킨다.**'는 속담이 있듯이 군대를 함부로 다루지 말았으면 한다.

단순하고 머리를 굴릴 줄 모르는 순수한 집단에게 잔머리를 쓰게 하는 일이 없도록 해야된다.

정치적으로 중립을 유지해야하는 것을 잘 알고 있는 이들은 국민에게 안정감을 드리기 위해 급진적인 개혁이나 변화 보다는 묵묵하고 꾸준한 개혁과 변화를 추구한다.

다소 보수적으로 비치고 있으나 군대의 변화는 상상을 초월할 정도로 변모를 거듭하고 있다.

사회의 광속도 변화를 군대에 대입하면 곤란하다.

군대는 상대가 있고, 상대국가의 군사전략과 무기체계가 있기 때문에 그에 걸맞은 무기개발과 전술전기 연마 그리고 상응하는 훈련은 시간과 끈기 그리고 지켜봐 주는 용기가 필요하다.

"군대가 잘못 걸어가는 것은 국가가 잘못된 길로 걸어가고 있다는 것이다."

필자는 직업군인 집단의 고뇌와 꿈 그리고 직업군인이 되길 희망하는 젊은이들에게 희망을 드리기 위해 여러 단원으로 나누어 그동안 경험한 것들을 성의껏 서술하려고 한다.

본서는 크게 네 개의 단원으로 나누어서 사연을 풀어 나가고 있다. 첫 번째 직업군인의 여울로써, 여기에서는 직업군인의 삶, 꿈, 사랑 등을 엮어 보았고, 두 번째 직업군인의 포효(咆哮)에서는, 직업군인의 독특한 영역들을 얘기하면서 특히 여성 직업군인들의 당당한 모습을 그려보았다.

세 번째 직업군인의 용틀임에서는, 직업군인들이 겸손하면서도 엄중하게 그리고 정중하게 대중께 하고 싶어 하는 말들을 펼쳐 보았으며, 끝으로 직업군인이 꼭 알았으면 하는 것들을 집약해서, 조금이나마 기본 소양 함양에 도움이 되었으면

하는 바람으로 본서를 집필하게 되었다. 아울러 본서를 통해 **'민과 관이 → 군과 직업군인'**을 이해하고 소통하는데 자그마한 통로가 되었으면 하고, 특별히 〈**'국군통수권자'의 지대한 관심**〉을 기대한다.

66 직업군인이 되기 위해 군문에 발 디딜 때부터
귀에 딱지가 앉을 정도로 들었던 소리
**'오직 국가와 국민만 바라보고 나가라.
그 곳에 길이 있다.'** 99

66 직업군인에게 **'평화나 대화'**란 단어는 낯설다.
오직 **'항재전장(恒在戰場), 숭무정신(崇武精神),
전술전기(戰術戰機) 연마'**만 있을 뿐이고,
이로써 **'싸우면 반드시 이기고,
이기되 전우의 피를 흘리지 않게 하는 것이다.'** 99

직업군인의 여울

" 설령, 세 찬 비바람이 불어도, 거친 눈보라가 쳐도,
성난 파도가 밀어 닥쳐도, 천둥과 번개, 악기류가 뒤엉켜도
우리는, 조국과 국민이 부르면 지체 없이,
어디든지 달려간다. 거친 파도를 가른다.
영공(領空)을 나른다. "

직업군인의 삶

　고독한 수행자의 겨울나기처럼 자신과의 처절한 싸움을 묵묵히 이겨내고 있는 인생 황금기의 **'초 절정 인생들'**,

　하늘이라곤 손바닥만큼 밖에 보이지 않는 최전방 어느 산야에서, 또는 도회지의 화려한 불빛을 역광으로 받으면서 무심한 듯 자신을 제어할 줄 아는 초인간적인 **'별난 인생들'**,

　부모형제 처자식이 있는 듯, 없는 듯 건사함에 인색하면서 전우의 사사로운 것까지 챙기는 **'바보 인생들'**,

　어떻게 하면 싸워 이길 것인가, 이기되, 어떻게 하면 우리 전우의 피를 흘리지 않게 할 것인가, 전술전기 연마에만 온 정신이 홀려 있는 **'무적 신화적 인생들'**,

　"우리는 그대들을 참 군인이라고도 하고, 영웅(hero)이라고도 하

며, veteran(베테랑, 역전〈歷戰〉의 용사)이라고도 하는데 주저함이
없다.”

이따금 씩 각종 사건 사고가 터지면 정치권의 못난이들 중에
는 이런 군대는 필요 없다며 책임질 수 없는 막말을 쏟아 내고, 언
론은 경쟁적으로 시시콜콜한 것까지 보도를 하여 60만 대군의
0.0001%의 일탈 행위를 온통 싸잡아 파상공격을 한다.

이럴 때, 직업군인 집단은 의연해 져라 !!

사사건건에 예민해 지면 큰 소임을 수행하기 힘들다.
국방수뇌부가 나서서 집단 동요를 진정시킬 필요가 있다.

사회 일각의 움직임은 이미 묘한 상황으로 정착이 되어 가는 분
위기이다.
군대가 나서서 일일이 해명할 필요를 느끼질 못한다.
무언가 단추가 잘못 끼워져 있는 불균형을 바로잡기에는 역부족
현상이 벌어지고 있기 때문이다.

직업군인 집단의 소임은, 그 누구도 대체할 수 없는 '**특수공익의
불가침 영역**'이기에 묵묵히 하던 일을 그대로 해나가면 된다. 직업
군인이 되기 위해 군문에 발 디딜 때부터 귀에 딱지가 앉을 정도로

들었던 소리, '오직 국가와 국민만 바라보고 나가라. 그곳에 길이 있다.'

시류가 뒤숭숭하고, 원칙이 무너지는 소리가 들릴지라도, 직업군인이라서 가졌던 작고 소박한 꿈, 그저 전우와 동지가 있어 즐겁고, 상관과 부하가 있어서 든든하며, 군복을 걸쳤을 때 기이하게도 솟구치는 열정, 보람, 긍정의 에너지가 당장 손에 쥐어지는 가시적인 것은 없더라도, 내 인생을 살찌게 만들고, 미래를 여물게 만들어 가고 있다는 청신호라 여겨, 일희일비 하지 않고 대수롭잖게 현실을 대처해 나가면 된다.

매사가 단순 명료해야 하고, 곡해(曲解)하기를 너무나 싫어하는 순수 집단!

이들의 머리를 복잡하게 만들고 상상력을 동원하게 하면 스스로 군대를 미워하게 된다.

극한의 직업군에 종사하는 사람에게 사기와 용기를 북돋아주는 일들이 무엇인지, 그것만 찾아서 베풀어 줘 바라. 사소한 일에 꿈을 꾸고, 그 꿈을 꾸기 위해 삶의 전부를 불사른다.

이를 위해
군대 내 스스로만이라도 다독여 나가라.

상관은 부하에게 무조건적인 복종만 강요하지 말고, 실마리를 푸는데 앞장서고, 꼬투리 보다는 인정과 칭찬에 인색하지 말아야 한다. 특히 **'군(軍:육, 해, 공)) 별로는 억지로 타 군을 걸고 넘어가려 하지 말고, 같은 군내에서도 출신별 끼리, 끼리끼리 하면서 타 출신을 업신여기지 말도록 해라'**, 사기를 먹고, 자존심 하나로 버티는 순수한 영혼들은 지휘관의 공평무사하고 편견 없는 부하사랑을 필요로 한다. 그걸 자양분으로 서로 얼싸안으며, 무시무시한 역경도 두려울 게 없어지는 것이 직업군인 집단인지라 그 핵심은 각급부대 지휘관에게 있다.

더 먼 곳을 바라보며 보다 큰 그림을 그리면서, 조금씩 디테일로 채워 가면 된다.

직업군인은 큰 그림을 먼저 그려야지, 디테일에 목숨을 걸다보면 모든 걸 놓치는 수가 있다.(전쟁에 패할 수 있다.)

조금 한 수 더 높여 얘기하자면, **'대관소찰(大觀小察)'**해야 한다.

직업군인들에게는 일반인들이 좀체 느끼지 못하는 독특한 점들이 있다.

이들은 아주 작은 것에 희열을 잘 느낀다.

그래서 자기가 받은 혜택의 10배 이상을 되돌려 놓을 줄 안다.

왜냐하면, 기본적으로 큰 욕심이 없고, 타인을 해칠 줄 모르며, 주어진 임무수행에 근접된다고 생각하면 먼저 만족감부터 느낄 줄 알기 때문이다.

누가 어째서가 아니라, 아마 극한의 상황이 수시로 닥치다 보니 스스로 중압감을 내려놓을 줄 아는, 도통의 경지에 자신도 모르게 다다른 것이 아닐까 ! 싶을 정도이다.

그렇다면 이들은, 도대체 밤낮 무얼 하고 지내나 ?

'국가보위'라는 큰 틀은 알겠는데,

대충 열거해 볼까요?

① 적과 싸워 이기기 위한 수단과 방법을 강구하고 있다.

② 국민으로부터 위임받은 소중한 청년들을 성숙한 인격체로 만들어 다시 부모의 품으로 돌려보내는 일을 하고 있다.

③ 국민의 세금으로 이루어진 군사물자, 장비, 무기, 탄약 등을 소중하게 다루고 연마하여 즉각 사용할 수 있도록 하고, 절약하여 수명을 연장하는 일을 한다.

④ 각급 부대마다 각기 다른 전, 평시 임무수행을 원활하게 하도록 훈련을 하고, 전술전기를 연마하는 일을 한다.

⑤ 유사시 발생하는 천재지변으로 인한 재해, 재난에 대비하고, 적 침투, 적 공격(무력, 간접침략, 사이버 등)에 대비한 철저한 경계태세 유지와 작전계획을 발전시켜 국민의 생명과 재산, 영토를 보위하는데 열중하고 있다.

⑥ 아울러 세계 평화유지와 국위선양을 위한 임무에도 적극 참여
   한다.

따라서 어느 한 곳에도 이들에게 개인의 사사로운 영달이나 재산
축적, 재테크 방편을 생각할 틈을 주지 않고 있다.

그러나 군대는 군 본연의 임무가 있으니 그렇다 치더라도, 우리
국민은 이들에게, 모름지기 따뜻한 마음과 자그마한 보탬을 줄 수
있는 여지와, 보듬을 부분이 있지 않을까! ....

**"언젠가 돌아갈 민간인으로서의 삶을 위해 '희미한
등불'이라도 비추어 주면 더욱 용기백배 할 수 있다."**

직업군인의 꿈

일반 사회인들이 생각을 해 보면, 꿈 갖지도 않은 꿈을 꾸고 있다.

"저 푸른 초원 위에 그림 같은 집을 짓고, 그 집에서, 사랑하는 이와 한 평생 살도록 되어 있질 못하다."

직업군인이 되기 전 학창시절이나 사회 초년 시절에는 한 번 쯤 되뇌어 보았겠지만 직업군인이 된 순간부터 모든 게 변하기 시작한다.

누가 그 꿈을 접어라 하지도 않았고, 앞길을 막지도 않는다.

자연스럽게 세상 보는 눈이 달관하게 되고, 초월의 경지에 이르게 된다. 나보다 계급과 직급이 높은 사람이나 주변 직업군인 모두가 한울타리 병영 시스템에서 동거 동락하면서 그 부대의 임무와 기능에 적합한 군사적 식견을 쌓는데 모든 정열을 쏟고 있기 때문이다.

이런 세월이 흐르는 동안, 나이도 들고, 결혼도 하게 되고 자식도 갖게 되고, 승진도하고 이곳저곳 근무지역도 바뀌면서 직급도 상향되어 어느새 완연한 직업군인의 틀이 형성되어 있는 자신을 발견하게 된다.

되돌려 보면 눈 깜작 하는 세월 인 듯하다. 별별 경험을 다 쌓았지만 그것은 나와 내 가족을 위한 길이라기보다 국가와 국민을 앞세운 일이고, 개인적으로는 아무런 실적이 없는 신기루 같은 것이다.

누굴 위했다면, 고맙다. 감사하다는 지나가는 한마디라도 있으련만 허공을 스치는 매서운 겨울바람 소리만 들리고 있다.

그냥 무한 봉사하는 성직자의 고행으로 여기면 될 것 같다.

이따금 씩 들리는 소식에 의하면, 친구는, 사촌은 도시에 집사고, 건물사고, 고향집 새로 짓고, 부모님 외국여행 보내드리고, 동생들 결혼시켜 전셋집도 얻어주고, 고향 산소도 잘 꾸몄다는 얘기가 들리지만 애써 외면 해 버린다.

- 내 한 몸 내 가족 건사하고, 부모형제 성의껏 돌보며 그렇게 살아갈란다. -

백화점, 마트 이용해 본 적 없고, 군 면세점이나 부대 인근 구멍
가게를 이용하면서 조금씩 모아 자녀 학비 충당하고, 혹시 부모형
제, 가족 큰일 벌어질 때 그때 요긴하게 사용해 보려고 …

직업군인 100명을 붙잡고 물어봐라,
훗날 자네들 어떻게 될 것 같으냐? 시쳇말로 노후 준비는? …
아무도 답을 못한다.

내일 전역을 하도록 되어 있는데도 지금 근무하고 있는 군대를
걱정하는 서글픈 바보 청춘(장년)들, 이것이 진정 오늘날 한국 직
업군인 집단의 잔인한 실상이다.

누가 뭐라고 하지도 않았는데, 누가 이들을 이처럼 우직한 바보로 만들었는가?

그 혈기 왕성하고 하늘을 찌를 듯, 용기백배하던 기개는 어느새
세상의 온갖 시름과 고통, 몰아닥칠 숱한 난관을 혼자 다 떠안을
것 같은 신 인간으로 변모시켜 버렸고, 아무런 대책 없이 오직 도
전만 해 볼 요량으로 성큼 사회에 발을 딛는다.

한국의 안보환경이 이들을 이렇게 만들었다.

군복무를 하는 동안 조금의 틈새도 주어지질 않고,

이 길이 그 길(군인의 길)이라며 군대 계급의 높낮이에 관계없이 하나같이 외치고, 다그치는 바람에 소리 소문 없이 쇠뇌가 되어버렸고, 직업군인 집단 전체가 마취가 되어 마치 신들린 것처럼 '**국가보위에 청춘을 불살랐다.**'

필자의 경험으로 이렇다는 얘기이고,

누굴 원망하거나, 책임을 전가하지 않으며, 고스란히 받아드리면서 또 다른 미래를 설계한다.

앞서 거론 했듯이 직업군인의 삶 자체가 국가보위와 충성에 얽혀 있기에 부귀영화는 사치이고, 근검절약이 몸에 배어있다. 성격 자체는 호방하지만 임무완수와 규율을 앞세워야 하는 일상생활이 모든 것을 타이트하게 만듦에 따라 융통성이 결여되어 있다는 얘기를 듣는 경우도 있다.

그러나 분명한 것은 이 사람들을 사회 어느 조직에서든 일단 한 번 써보면, 사람은 많은데 사람 선택에 어려움을 겪는 오늘날 사회문화에서는 그야말로 "**호박이 넝쿨째 떨어지는 횡재를 할 수 있다.**" 좀 더 구체적으로 표현하자면, 그 조직을 주인처럼 여기는 마음, 조직의 오너를 비롯한 상사를 배신하지 않는 정신, 임무를 수행함에 있어서 거짓과 부풀림이 없이 진솔하다는 점, 동료와 협의하고 조화를 생활화하며, 어려움이 닥쳐도 슬기롭게 극복해 나가는 진국 같은 정신이 기본 바탕에 깔려 있다는 큰 장점이다.

직업군인의 꿈,

대단하지도, 그렇다고 해서 넘치지도 않으면서, 꿈같지도 않은
이 작은 꿈을 실현시켜주면, 즉 **"제2의 직업을 연결시켜라."**

국민의 생명과 재산, 영토를 보위하는 국가보위의 엄중한 짐을
국민들은 편안하게 내려놓을 수 있다.

직업군인의 원대한 꿈,

아니, 소박한 꿈이라고 해야 맞겠다.

사회인들이 꿈꾸는 꿈과는 너무나 거리가 멀다.

군대에서 아무리 높은 자리로 올라가더라도 언젠가는 사회인으
로 가야하는 영락없는 대한민국 국민의 일부이다.

그러나 같은 국민이 출발선에서부터 차원 다른 꿈을 가지고 출발
을 한다. 이들에게 부귀영화는 사치이고 그냥 내 가족 건사할 정도
면 만족하고, 단지 군 생활하면서 너무나 소홀했던 가족관계를 뒤
늦게나마 가장/아비로서 어떻게 해보려고 하는 수준 정도이다.

감사하게도 **'미국, EU, 이스라엘, 일본'**처럼, 군인들의 노고를 챙겨
주는 그런 시스템이 국민적 합의를 거쳐, 물 흐르듯 자연스럽게 **'제2
의 직업 연결'**이라는 보듬는 정신으로 이어지게 된다면, 대한민국의

미래 또는 어떤 조직의 미래는 안정감을 찾게 되고 성장 발전에도 큰 보탬이 되어 국제경쟁력에까지 시너지 효과가 나타날 것이다.

"예비역 직업군인(역전의 용사들)이 사회(길거리)를 헤매고 다닌다면, 위 국가들은 스스로 최대 치욕으로 여기고, 국민이 이를 용납하질 못한다."

직업군인의 사랑

사랑에는 국경도 없고 귀천도 없으며, 상하 좌우 높낮이와 방향도 가리지 않는다. 다만, 욕망과 감성, 시대사조(時代思潮)의 흐름에 민감하게 반응한다.

직업군인은 속내 드러내기를 꺼린다. 게다가 애정표현이 서툴고, 애써 담담한 표정관리를 많이 한다. 그러나 이것까지 감수하면서 받아들이는 상대가 있다면, 단숨에 오장육부를 다 드러내 보이며 전력투구를 한다. 이런 순수한 모습이 마음에 들어 호응하는 이성(異性)을 만나게 되면 출세가도에 승승장구하는 경우가 많이 있다.

지난시절 군대내 '**사랑문화**'라 할까 돌아가는 분위기를 요즘시대 문화와 비추어 얘기하다 보면, 고개를 꺼덕이는 부분도 있고 어쩌면 저럴 수가 있을까하고 반신반의할 수도 있다.

그때, 그 시절 직업군인에게 사랑이란,

한마디로 사치쯤으로 여겼고, 더 나아가 정상적인 가정 돌봄까지 초월해야만 당차고 야망에 차며 집단을 호령할 수 있는 참 군인으로 인정받았던 적이 있었다. 마치 직업군인은 범사에 초연하고 독야청청해야만, 전망이 기대되는 촉망받는 군인으로 평가 받을 수 있는 군대내 분위기가 자리 잡기도 했다.

그 뿌리가 지금도 면면히 흐르고 있으며 시대 흐름에 보조를 같이하면서 점점 진화를 거듭하고 있다.

사랑을 통속적(通俗的)인 영화나 만화의 주인공 또는 유행가의 가사처럼 여겼고, 자연히 군대내 문화랄까 일상생활에서 괄호 밖으로 밀리면서 유해하거나 그것이 규율을 느슨하게 하는 요인으로 보면서 애써 외면하며 지나쳐 왔다.

혈기 왕성한 청, 장년들의 집단체이다 보니, 일탈행위들은 빈번히 발생 했고, 공공연히 **'풋사랑'**이란 게 유행처럼 일렁이기 시작하여 부대 주둔지를 중심으로 여기저기에 다양한 모습으로 유흥가들이 들어서기 시작했다.

1980년대 이전에 우리사회는 본격적인 산업화에 들어가기 직전이라 여성들에게 마땅한 직업전선이 형성되어 있질 못했다.

따라서 제법 지성과 미모를 갖춘 여성들이 부득이하게 유흥가에 들어서게 되었고, 그 분위기는 대단하였다.

순진한 직업군인들은 다수가 그 곳을 찾게 되었고 그곳에서 만난 여성과 사귀어 가정을 이루기도 했다.

그 지역에서는 누구와 결혼했다더라하며 다소 소문이 나기도 했지만, 3~4년 주기로 근무지역이 변하게 됨으로써 모든 것이 세탁이 되어 새로운 근무지역에서는 아무 일 없었든 것처럼 아름다운 가정을 유지했고, 생활력이 강한 여성은 착실하게 가정을 일구어서 남편의 군대생활에 크게 기여하는 선순환의 **'예쁜 사랑'**이 결실을 맺기도 했다.

필자와 아주 친분이 있는 친구는 지성과 미모를 갖춘 유흥가 여성과 결혼 했고 그 사실을 필자 외에는 알지 못한다. 필자는 평생 그 사실을 비밀 유지를 했고 가끔 그 가정을 찾았을 때, 가정경제는 날로 발전했으며 특히 자녀들은 모두 알만한 대학과 유학을 다녀와 훌륭한 인재로 성장해 있고, 두 내외의 금슬은 70대(부인은 60대)인 지금까지 누가보아도 건강하고 안정적이며 꽃구름이 두둥실 떠다니는 덧 하여 부러움을 사고 있다. 여기 중심에 부인이 있으며 부인은 매사의 중심에 가정을 두었고, 가정의 중심에 남편을 두며 남편의 걸음걸이에 걸리적거리는 모든 장애물을, 먼저 걷어치우는 특별한 센스까지 겸비하고 있었다. 근래에는 틈틈이 자기관리를 위한 투자와 봉사, 공동체생활에도 적극참여를 하고 있다.

그 외에 유행하는 사랑 방법은 펜팔이나 소개팅 그리고 지인이나 상하관계로 아름아름 연결시켜 주는 것이 유행했었고, 각종 학교교육 기간 동안 많은 것이 이루어졌다.

지금도 그렇지만, 누나나 여동생이 많이 연결되었고 상당히 인기가 있었다. 군대 내 남군과 여군의 사랑도 꽃피기 시작했다.

또 다른 귀한 모습 중에는, 혼인신고만으로 살림을 차리거나 동거부터 먼저 시작해서 일부는 자녀까지 두었으나 결혼식을 올리지 못한 짝들 위해 부대 지휘관은 이들에게 합동결혼식을 올려주었으며, 이러한 미담은 사기진작에 크게 기여하는 부대 장려사항, 또는 미담으로 자리매김하는 사례도 많이 있었다.

직업군인은 계급의 높낮이에 따라, 그들의 주변에는 누구나 상관과 부하사병들이 있고, 주요예산과 재산을 다루며, 장비와 탄약 등 군사무기를 다룰 뿐만 아니라 작전계획과 훈련, 경계 등 군사보안 문제까지 깊숙이 관여하기 때문에 직업군인의 일거수일투족을 소중히 여기어 사사로운데 까지 지휘관의 관심을 기우리는 것은 너무나 당연한 일이다.

과거 어느 기업회장이 직원을 머슴으로 여기고 막 다룬 결과, 결과적으로 그 기업은 망하고 본인도 회생을 위해 몸부림쳤지만 세상을 떠나고 만 사례가 있듯이, 부대 지휘관은 직업군인 집단을 동업자정신으로 대해야 하고, 매사를 인정과 칭찬, 격려 일색으로 관리

를 해야 한다. **'책임은 나에게 공은 아랫사람에게'** 돌리면, 자연적
으로 부하는 **'책임은 나에게 명예는 상관에게'**로 돌리게 되어 있다.

시대사조의 흐름에 따라 변화무쌍한 진화와 굴곡이 거듭되고 있
는 군대내 사랑문화를 전개해 보려 한다.

▶ 창군 초기부터 한국전쟁 전후(1950년대 중반 정도) 시기에
우리 사회는, 무질서하고 국민경제가 낙후되어 민초의 삶이 팍팍
했을 뿐만 아니라 매스컴 활용 역시 빈부의 차에 따라 천차만별의
시대였다.

부유층 자녀들만 대학문을 두드리고 문맹자가 넘쳐나고 있었다.
군대 내에서도 문맹 병사들에게 한글을 가르치기도 했고, 휴가 시
고향 가는 방법을 몰라 간부들이 버스표, 기차표를 끊어 일일이 태
워 보내면서 다시 복귀하는 방법까지 자세히 설명해 주기도 했다.
**'일부 병사는 친구 따라 다른 부대로 복귀하면 가서 데리고 오는 촌
극이 빚어지기도 했다.'**

이 시절 직업군인은 나름 월급도 또박또박 나오고, 의식주 일부에
군대 물자를 이용하기도 했으며 우리사회 거의 모든 직능별 기구나
단체들이 군대 눈치를 보아야할 정도로 권세까지 누리고 있었다.

결혼 적령기 여성들에게 신랑감 선호 1, 2위를 오갈 정도로 직업 군인의 인기가 높았고, 장교 집단에서는 명문 여대 출신 규수 감들 이 줄을 잇고, 소위 뚜쟁이(결혼 중매쟁이)들의 수첩에 이름이 올 려져있었든 시절이 있었다.

▶ 1950년대 중반 이후부터 60년~80년대에 이르는 긴 세월 동 안에도 직업군인의 인기는 시들지 않았다.

여전히 신부 감을 둔 부모들은 어떻게든 군부와 연을 잇고 싶어 했고 많은 성사가 이루어졌다.

지금 예편한 장성급, 영관급 중에 명문 여대 출신의 부인들이 많 은 것은 바로 이 당시 우리 사회 흐름을 타고 결혼에 이른 경우가 된다.

'직업군인들에게 탄탄대로의 행로가 펼쳐지고 있었다.'

전역 후에도 사회 곳곳의 요직에 두루두루 포진되기 시작했고, 현역 복무 중에도 국내외 위탁교육을 통하여 문무를 겸비한 석, 박 사 출신 엘리트 군인들이 다수 배출되기 시작함으로써 작업군인들 의 이미지가 높아질 뿐만 아니라 군대에 대한 고정관념도 일신되고 있었다.

자연스럽게 직업군인이 여성들과 청춘사업을 하는데 거리낌이 없는 사회 분위기까지 조성되고 있었다.

이 시기 말 즈음 또는 그 이전부터 직업군인 집단에서 간과해 버리고 있는 것이 있었다.

이 세월, 이 분위기가 언제까지 지속될 것으로 알고 다음 변화할 사회 분위기 대처에 소홀히 하면서 상승무드를 유지할 절호의 기회를 놓치고 있었다.

즉, 잘 나갈 때 몸을 추스를 줄 알아야 했었고, 미래 지향적인 변화(제대군인 지원사업 등)를 잘 누리고 있든 권세와 함께 추구했어야만 했었다.

장성들은 전역 후 좋은 자리 잡고 호의호식할 줄만 알았지 주변 돌보는데 소홀하여 군 생활 중 충성했던 하급 직업군인들은 소외되고 있었고, 이들은 날로 발전하는 사회의 다른 직업군들에게 적대감만 조성되었다. 특히 이를 부추기는 언론은 급기야 군부와 기타 모든 집단 이란 이분법으로 몰아감으로써 외톨이 신세로 전락되고 있었다. 일반 하위직 직업군인들은 도매금으로 함께 불이익을 감수해야만 했다.

잘 나갈 때, 그 때, 사회 발전 속도에 맞게 직업군인에게 도시 주변 어디 쯤 개인 주택을 마련 한다든지, 제도적 정부공식 기구로써 가칭 **'제대군인지원 청'** 같은 것을 만들어 직업군인과 전역사병을 공공기관이나 기업들이 평생 연계 관리가 되는 기관이라도 만들어 두었더라면 하는 아쉬움이 있다.

우리사회 권력 집단으로 부상하고 있는 군부에 대해 호시탐탐 틈새를 노리면서 내공을 쌓든 언론은 일부는 군부와 밀착하여 호의를 베풀면서 고급 기밀을 수집했고, 일부는 군의 나팔수 역할을 자임하면서 위치를 확고히 해 두고 있었다.

이 와중에 언론 통폐합이라는 엄청난 시련과 고초를 겪으며 언론에 봄은 언제 쯤 올 것인가 막막해 하던 시점에 민주화의 바람이 세차게 불면서 언론은 기지개를 펴기 시작했다.

'이즈음 야사처럼 전해지는 일화가 있다.'

1986년 3월 국회 국방위원과 육군본부 부장급(소장급) 이상 그리고 언론 중진(평소 친분이 있는 관계)들과 회식 자리에서 언론 중진이 술잔을 던지는 등 소란을 피자 이때 맞은 편 좌석에 있든 부장 한명이 술상을 넘어 2단 옆차기로 언론 중진을 KO시킨 사례가 있었다. 그러나 이 사실은 외부 노출이 되지 않았고, 언론계는 더욱 의기소침해 지는 계기가 되었던 적이 있었다.

이들은 아직 호방했던 한 시절을 회상하며 살아가고 있겠지 …

이렇듯 무소불위의 시대흐름이 지속되고 직업군인의 인기는 식을 줄 모르고 있었으며 영리한 젊은 여성 집단은 이들에게 접근했고 곳곳에서 아름다운 사랑 얘기들이 들리고 있었다.

직업군인 집단에게 봄은 서서히 지나가고 있었다.

노태우 정부 들어서면서부터 민주화의 바람이 불기 시작했고, 언론계에도 훈풍이 불기 시작했다. 순식간에 상황이 역전되는 분위기가 확연히 나타나고 있었다.

군대와 직업군인 집단은 의기소침해 지면서 몸가짐을 추스르기 시작했고, 언론의 '일필정도'는 날로 탄력을 받으면서 군부는 속수무책으로 방향타를 상실하고 전전긍긍하고 있었다.

▶ 1990년대 들어서면서부터 그동안 차근차근 내실을 다져 왔던 언론과 사회의 발전 속도는 가속화되는 반면에 미처 준비를 못하고 잘 익은 과실만 따먹던 군부는 뒤만 쫓으며 뒤늦게 자구책 마련에 분주해 지기 시작했다.

이미 화살은 과녁을 향해 떠나 버렸고, 군부는 **본연의 임무에 충실하자**'는 슬로건을 내걸고 군인의 길을 걷기 시작했다.

간부양성교육과 국내외 위탁교육 등을 통해 문무를 겸비한 직업군인을 배출하기 시작했고, 민간안보연구기관을 보조하면서 교수, 언론, 주요기업과 군 출신이 국가안보 현안을 공동연구하고 함께 토론하면서 현실적인 참여를 확대하여 국가안보문제가 민간의 다양한 분야에 거부감 없이 소통될 수 있도록 **민간안보연구소**'가 중재 역할을 시작했다.

차츰 언론이 안보문제를 다루기 시작했고, 각 대학에 안보관련 학과들이 생겨나면서 군관민의의 분위기에서 민관군의 분위기로 익숙해지기 시작했다. 아울러 군부는 소소한 것에 만족하는 자기 성찰도 과감하게 추진해 나갔다.

이곳저곳 나대지 않았고, 장군들의 자동 재취업이 중단되면서 군사문제연구원을 통한 자구책 강구에 다소 만족하는 모습이었고, 영관급들의 재취업에도 공개채용 시대를 열면서 과거 연줄에 따른 편파적인 취업 관행이 사라지기 시작했으며 영관급의 분위기도 점점 자리를 잡아가기 시작했다.

이 모든 분위기 조성에 선구자 역할을 한 곳이 있다.

'사단법인 한국전략문제연구소'는 지금 한국 100대 싱크탱크에 들어 있고, 안보 부문 8위에 랭커 되어 있다.

1991년 6월 국방부 산하 법인으로 인가를 받아 활동을 시작할 때 초대 소장으로 홍성태 예비역 육군 준장과 기획실장으로서 필자가 실무를 기획, 계획 집행을 했었다.

많은 사연이 있지만, 당시 시대상황에 따른 배경만 설명하기로 한다.

민주화의 거센 파고가 밀어 닥치고 있었으며, 군부에 대한 불신이 사회 전반에 깔려 있었다. 국방부 발표는 씨가 먹히지 않았고, 군 관련 인사와 대화 자체를 기피하고 있었다.

군복을 입은 사람에게 이유 없이 테러를 자행했고, 아무런 대응을 하지 못한 체 속수무책으로 당하는 일이 발생하자, 군에서는 **'출퇴근 외출 외박 등 영외 활동 시 사복 착용'**을 권장해야만 했다.

연구소장과 필자는 온갖 인맥을 다 동원해서 언론인, 교수 등을 만나 세미나, 심포지엄을 제안했고, 그 결과를 신문과 방송을 통해 보도를 했다.

수십 회 반복이 되는 동안, 발표 내용이 교수, 언론인들에게 연구 업적으로 평가 받게 되자 지방대학, 지방언론, 주요기업에 이르기까지 연구 참여를 위한 섭외가 밀려오기 시작했다.

대략 3년을 무한 봉사와 투자, 머슴 노릇을 맹렬히 해온 결과 그 성과가 서서히 나타나면서 군부에 대한 인식이 부드러워지는 것을 피부로 느낄 수 있었다.

누가 누구를 탓하기보다는 당장 앞에 닥치는 높고 거친 파고를 넘어서야 한다는 절박감이 그 셌던 자존심을 다 내려놓을 수 있게 했던 것 같다.

사회는 급속도로 발전해 나갔고 다양한 직업군이 생기면서 여성의 직업 선택 기회도 폭이 넓어 졌다.

우리사회 인식의 변화가 급격하게 다양화 되면서 직업군인 집단의 **'사고의 고착, 다양성의 퇴화, 문화 예술 등 양질의 삶의 질 선택의 궁색'** 등이 노출되기 시작 했다.

자연스럽게 여성들의 연애관과 혼인 선택의 대상 우선순위에서 직업군인이 밀리게 되고 지금은 위상이 어디 쯤 있는지 가늠하기 쉽지 않다.

하지만 놀라운 것은, 여성들 중에 직업군인을 천직으로 선택하는 비율이 증가하고 그 인기가 점점 높아지는 것은 매우 고무적인 현상이다.

덩달아 남성들의 직업군인 선택의 문도 점점 높아지고 있어서 달라지고 있는 우리사회의 직업관 분위기를 가늠할 수 있다.

이는 공무원이라는 안정된 직종 선호에 편승하면서 직업군인 집단도 이제, 옛적과 같이 일단 한 번 발을 들여다 놓고 기회를 관망하던 집단이 아니고 각자의 적성을 살리면서 그것을 사회와 연계해 발전해 나갈 수 있다는 긍정적인 신호로 비치고 있기 때문이다.

아울러 군대 내에서 남녀 직업군인과의 싹트는 사랑 얘기도 예뻐 보이고, 사회에서 직업군인을 신뢰하여 혼인 대상, 연애 대상으로 보는 눈이 많아지는 모습이 예뻐 보여서 이런 아름다운 모습들이 선 순환적으로 돌아가게 되면 군대는 자연스럽게 강한 군대로 재탄생하게 될 것이고, 강한 민족, 전쟁을 두려워하지 않는 민족정신으로 승화되어 자유민주주의체제로의 한반도 통일에 큰 역할을 할 것임이 분명하다.

직업군인의 독백

학창시절을 보내면서 다양한 꿈에 젖어보았다.

그 많은 꿈 중에 **'직업군인'**이 되겠다는 꿈은 없었다.

그런데 어느 순간, 꿈자리에 훅 치고 들어오는 것이 있었는데 바로 **'군인'**이란 묘한 녀석이, 사나이 인생여정에서 피할 수 없는 일부분으로 들이 닥쳤다.

국민의 4대 의무 중에 하나인 **'국방의 의무'**가, 평범하게 교과서적으로 만 알고 지내든 것이 어느새 성큼, 내 앞길에 우두커니 서 있었기 때문이다.

저 길을 분명히 가야하는데,

그 때부터 다양한 통로를 통해 이것저것 뒤져 보다가 불현 듯 확 와 닿는 하나의 인생 진로가 나타났다.

'직업군인'의 길 이었다.

기왕 군복무를 하는 것, 조금 더 길게 하면서(단기 5년, 당시 사병은 3년)) 사회에 발을 디딜 때 디딤돌 같은 것을 미리 준비한다면, 의무복무만하고 나오는 것 보다 좀 더 나은 인생 출발이 되겠다는 생각을 하게 되었다. 20세 새내기의 순수한 감성으로, 홀로 외롭게 결심한 엄청난 모험의 세계로 나서는 순간이었다.

이렇게 쉽게 생각하고 시작한 것이 내 인생 모든 것을 송두리째 바꿔 놓았다.

인생관도, 성격도, 사생관도 그 옛날 내 모습은 온데간데없이 찾아볼 수가 없다.

부모형제, 인척, 친구, 모두가 다 그렇게 얘기한다.

그 짧은 기간에 어쩌면 저렇게 변모할 수가 있는지 아무리 생각해봐도 의문투성이라고 한다.

직업군인이 되고 나서 달라진 것,

굳이 한 번 꼽아보면,

사회생활을 하면서 치닫던 욕구, 욕망들 그것이 모두 사라져버린 것,

무한 경쟁 속에서 벌어지는 아귀다툼 같은 것, 그런 것이 없어져 맘 적으로는 스스로 부자이고, 자유스런 영혼을 갖게 되어 매사에 자신감이 넘치고 활력이 샘솟는다는 점이다.

아침에 출근해서 근무하고 퇴근해서 사생활을 영위하는 중에, 접촉하는 모두가 서로 비슷비슷하고, 일상에서 삶의 사기를 꺾는 일들이 없다보니 군대(인) 본연의 임무에만 충실할 수 있고, 윗분들은 그 길이 바로 **'군인의 길'**이라며 수도 없이 되뇌었다.

점점 더 단단하게 여문 직업군인이 되어가고 있었고 그 과정에 승진도하고 직책에 변화도 생기면서 여러 번 전 후방으로 부대 이동과 이사도 다니게 되었다.

군대의 흐름을, 외부 사회에서 보기에는 고정되고 고착된 생활을 하는 것 같아 보이지만, 내부적으로는 쉼 없는 변화와 진화가 이루어지고 있다. 좀 유식하게 표현하자면, 국가안보는 살아 있는 생물과도 같은 것이라, 쉼 없이 꿈틀거리며 남북관계 및 국제관계에 변화가 이루어지고 있다.

직업군인도 각종 매스컴을 다양하게 접할 수 있고, 그 소식을 통해 사회적 다양성을 함께해 나가면서, 많은 변화에 익숙한 병사들과의 접촉에서 보조를 같이하고, 뒤지지 않도록 많은 노력을 한다.
아울러 군사교리 연마에도 열중하지만, 안보환경 변화에 따른 국가안보의 위중함에도 즉각 대응할 수 있도록, 연구하고 실전에 적응하도록 최선을 다한다.

뿐만 아니라,

현역 복무 중에는 현실에만 열중하고, 언젠가 와 닿을 전역 이후의 신변 변화에 대해서는 궁금해 하지도 않으며, 닥칠 일을 걱정해서 조바심을 갖지도 않는다. 이건 무슨 배짱인가?, 현실 무능력자인가? 둘 다 아니고, 군 생활이 자연스럽게 그런 인간형으로 만들어버린 것이다.

"자기가 맡은 일에 대해서 끝까지 책임을 다하는 것이 군인의 본분이요 덕목이라고, 귀에 딱지가 끼일 정도로 들었고 선배들이 하는 모습을 지켜보았기 때문이다."

항재전장(恒在戰場; 늘 전쟁을 의식하다.),

오늘 당장, 아니 오늘 밤 내가 복무하고 있는 이 순간에 전쟁이 일어난다는 마음가짐과 준비정신을 갖는 것, 이것이 알게 모르게 뼈 속까지 아로새겨져 있는 것이다.

그러나 일반사회의 대부분 사람들은, 설마 내가 있을 때는 별일 없겠지 하며 요행수를 기다린다.

"일반인과 엄청난 차이가 있는 사생활이 바로 이것이다."

국민은 군대를 믿고 생업에 종사할 수 있고, 군인은 칠흑 같은 밤에도 묵묵히, 오늘 밤도 고향의 부모형제와 국민들은 여느 때와 다름없이 우리를 믿고 편히 주무시고 계시겠지! 하며 부여된 근무에 열중 하게 된다.

손에 잡히는 것도 없는 이상향의 과실을 따먹고 지내는 천사 같은 존재, 바깥세상에서 그 누구도 알아주질 않지만, 군대 내에서만 신바람이 나서 용기백배하고 사기충천하여, 마치 하늘을 찌를 덧한 왕성한 기운이 감돌도록 한다.

이것이 직업군인 집단의 큰 장점이고 무에서 유를 창출하는 신의 손, 마법 같은 집단 통솔 능력이다.

정치권이나 여론 주도층(언론, 학자 등 지식인), 이 분야 종사자들이 직업군인 집단에 추파를 던지지 않으면, 그리고 국군통수권자가 정치 이념에 따라 군부를 죄지 우지 하지 않으면, 직업군인의 속성상 모든 게 순리적으로 물 흐르듯 돌아가게 되어 있다.

건군 이후 수십여 년의 노하우가 군대 내에 녹아 흐르고 있고 빅데이터가 잘 저장되어 있기 때문이다.

이것은 그 어느 집단에서도 찾아보기 힘든 독특한 자산이요 계승 발전시킬 유산이다.

정치권이나 여론 주도층이 군대 내 특정 출신을 두려워하거나 못 믿어 할 필요가 없다.

이로 인해 이상한 인사관리를 해 버리면, 이것을 정상화시키는데 또 다시 불필요한 10여 년의 세월이 흘러가게 되고 군대는 내부적으로 소용돌이를 경험하게 되어 눈치를 보는 악순환이 반복됨으로써 군대발전, 사회발전, 국가발전 전체에 악영향을 미치게 된다.

"군대를 손대지 말고, 쿡쿡 찔러 보지 말고, 군대에 맡겨두면 다 알아서 한다."

정치권이나 언론의 20~30년 생활 보다 훨씬 더한 30~40년 이상을 경험한 외길 인생 '직업군인 집단'을 소중하게 다루어 주길 바란다.

직업군인은 정치인을 싫어한다.

직업군인은 언론인도 싫어한다.

직업군인 대부분은 정보, 수사, 감찰의 감시와 견제 받는 것을 싫어한다.

그러나 이분들을 존경한다.

자기 고유의 분야에서 고유의 기능을 충실히 수행해서 국민의 생활과 알권리 그리고 자기 영역 발전을 위해서 최선을 다 하는 모습을 존경한다.

겸연(慊然)쩍지만, 작은 소망 '둘'을 남겨 보려한다.

좋은 세월이 되어 미국처럼,

직업군인들이,

"하나, 인정받는 그런 세상을 기대해 본다.

둘, '군인'이 목숨을 잃은 현장을 '국민'이 애도하고 기억할 줄 아는 그러한 세상을 기대해 본다."

직업군인의 회한(悔恨)

모두가 새처럼 훨훨 날아다니고 싶어 할 때
벌 나비처럼 달콤한 것을 찾아 날아오르고 싶을 때

홀연히 미지의 세계로 뛰어들었다.

큰 꿈을 그린 것도 아니고 그저 소박하게, 내 앞가림 정도 하려한
것이 일이 너무 크게 벌어져버렸다.
'국민의 생명과 재산 영토를 보위해야 하는 대역사의 건설 현장'
에 성큼 몸을 담가 버린 것이다.

그 사이 나 자신은 모르는 사이에 부쩍 배짱도 커졌고, 서로 함께
하고 다독이면서 나가는 길이 얼마나 소중하고 보람찬지를 깨닫게
되었다.

바깥세상은 어떻게 하면 잘 살 수 있을까 궁리를 하고, 부나방처

럼 휘황찬란한 불빛을 쫓아 날아들지만,

우리는 오늘도 밤이슬 맞으며, 칠흑 같은 산야를 더듬거리며 천근만근 군화 발자국을 옮겨 나간다.

문득문득 고향을 떠올린다.

부모형제와 옛 친구, 애틋한 사랑을 떠올린다.

그러나 풀썩 주저앉아 아름다운 추억들을 다 떨쳐버린다.

아차!

정신을 가다듬고 부질없는 상상과 미련을 밤공기에 날려버린다.

아마 여기 전우들, 다들 나랑 똑 같은 생각을 하고 있었을 게다.

"그래, 내 조국이 살아 꿈틀거리는 것은,

여기 캄캄한 어두운 이 길을 묵묵히 헤쳐 나가, 싸한 새벽공기와 함께 먼동이 트는 것을 바라보며 짜릿한 희열을 맛보는 것만으로도 대만족을 느끼는, 우리 직업군인이 있기에 가능한 일이겠지 ..."

아무도 그래 맞다. 그렇고말고, 답하진 안겠지만 우리는 그렇게 여기고 이 길을 꾸준히 걸어간다.

선배들이 그렇게 지켜온 이 강산이기에 우리는, 그 자취를 바라보며 혹여 누를 끼칠까 돌다리를 두들기는 심정으로 조심스럽게 발

걸음을 내딛는다.

그런데 이따금씩 들려오는, 제복을 벗은 선배들의 절망적인 소식에 기력을 잃기도 한다.

일자리를 찾아, 차가운 도회지 이곳저곳을 헤매어도 오라는 곳 반기는 곳 하나 없고,

돈 버는 기술을 제대로 익히지도 못한 체, 무방비 상태로 황량한 벌판에 내팽개쳐진 외톨이 신세,

자라나는 자식들 생각하면 눈앞이 캄캄하고 앞길이 막막하지만, 마음속으로는, **"누구라도 일단 이 한 몸, 한 번 써 보기만 해라. 호박이 넝쿨째 떨어진 진국 같은 일꾼이 여기 있다."**고 자신하면서 직업군인 정신으로 버텨 나간다고 한다.

무슨 일이라도 해보려고 이력서를 내면서 일부러 지난세월 자랑스러웠던 '계급', '경험한 직책'을 모두 지워버리거나 낮추어서, 무에서 유를 창출해 나가야만 속이 편안하다고 하니, **'이게 도대체 어떻게 된 일이 우리 사회에서 벌어지고 있는 것인가?'**

미국에서는 현역 군인이나 군복무를 마친 사람들을 **'존경하는 인물 부류'**로 꼽는 사회 분위기가 조성되어 있다 하는데, 가장 엄혹한 안보환경 속의 이 나라가 어쩌다 이렇게 되어버린 것인지, 누굴

탓해야 하는 것인지, 자연 현상으로 받아들여야 하는 것인지, 내가 어떻게 몸부림쳐야할 가치 수준을 넘어 버렸다.

다만 한 가지 조심스럽게 떠오르는 것이 있다.

현역으로 복무하는 기간 동안 병사들을 대할 때, 그 잘난 **'전우'** **'전우정신'** 말고 **'형제'** **'자식'**같은 **'가족정신'**으로 엮어 나갔더라면, 사병으로 의무 복무를 한 옛 가족(병사)들이 군대를 돌이켜 생각할 때 **'제2의 고향'**으로 여기고, 그 곳에서 새롭게 맺어진 우리가족(선, 후배, 부사관, 장교)들을 오래도록 기억하면서 인연의 끈을 유지하여, 각자 전역 후에도 서로 좋은 정보를 교환하는 미담들이 자주 등장하는 모습을 상상해 본다.

이제 군대에서 가족, 식구란 용어가 군대 내 복무규율을 느슨하게 만들 수 있다는 우려를 과감하게 떨칠 필요가 있다.

겉으로만 부동자세를 취하고 바짝 긴장해 있는 모습이 강한 군인으로 인식했던 과거 일본식 동작, 북한 김정은 군대식 동작은 이제 훌쩍 뛰어 넘어야 한다.

"만리타향 머나멀고 낯선 영국의 축구 경기장에서, 수많은 구름 관중의 매서운 눈초리 레이저를 온몸에 받으면서, 난다 긴다 하는 서양 선수들의 철벽 압박을 물리치고 헤치면서 뚫고 나가, 무려 70여 km를 단독으로 드리블(dribble)하여 마침내 골인시킨, 장쾌하고

통쾌한 역사의 순간을 온 국민에게 선사해 낸 20대 청년 손흥민에게 갖추어진 것은, 카리스마 넘치는 아비로부터 가르침을 받은 가족정신과 부드러움이었다. 미국 LPGA에서 우리나라 20대 초반의 여성 선수들이 전 세계를 평정하고 있는 것 역시 가족애와 부드러움에서 그 답을 찾을 수 있고, 김연아, 이상화 등 빙판의 요정들도 가족 사랑과 부드러움에서 그 답을 찾을 수 있다. 최근 U-20 세계 월드컵 대회에서 결승까지 오른 우리 20대 젊은 선수들도 모두 '아비정신'과 부드러움에서 답을 찾을 수 있다."

　간추려보면, 요즈음 젊은이들에게는 분명한 목표의식을 심어 준 다음, 현재의 광범위한 상황을 잘 설명해 주고 공정한 룰의 행동지침을 내려주면 그 목표를 향해 스스로 노력을 기우릴 줄 안다는 것이다. 처음부터 끝까지 채찍질을 하고 긴장감만 부추기면 한계가 빨리 드러나게 됨을 알 수 있다.

　청년들이 고향산천의 안락함과 도회지의 향락을 뒤로 미루고 군문에 들어섰다는 것은, 그 자체로 대단한 결심이고 또 다른 성장 발판을 내딛는 전초전이다.

　그야말로 사나이 인생길에 큰 획을 긋는 대역사의 장정이기 때문에 이 여정을 소홀히 하고 가볍게 다루어서는 결코 더 큰 힘과 무서운 저력을 기대할 수 없다.

　한국의 사나이들에게 **'엄중한 약속' '의무복무'**는 의무이면서 존중받아야 마땅한 소중한 가치로 자리매김 되어야 한다.

　오히려 직업군인 집단에서 **'대변혁적인 사고의 전환'**이 요구된다. 시대사조의 도도한 흐름을 긍정적으로 수용해서 지금까지 한 번 가지면(일단 시작하면) 떨치지 못하는 정체되어 있는 '맹종 환상'을 정화해 나갈 필요가 있다.
　즉 '가족정신'은 그러한 분위기(이 사회의 도도한 흐름에 발맞추는 것)를 말하는 것이지 군기이완이나 명령 불복종으로 연결시키지 말라는 의미이다.

　군대 내 소소한 생활부터 정이 철철 넘쳐흐르고, 직업군인을 의지할 수 있는 분위기가 널리 퍼지게 되면, 바깥세상의 분위기는 특별히 홍보할 필요도 없이 자연스럽게, '직업군인'을 존중의 대상으로 여기고, 국가의 버팀목으로 인정을 받는 소중한 자산으로 자리잡게 될 것이다.
　훗날 언젠가 전역을 하면, 사회 곳곳에서 직업군인 출신 인력 쟁탈전이 벌어지는 진귀한 장면을 기대해 본다. 마음먹기에 따라 긴 시간이 아닌 삽시간에 세찬 바람이 불 수 있다는 것을 염두에 두기 바란다.

　아직 직업군인들의 진면목을 알릴 여유를 찾지 못했다.
　아니, 소홀했다. 그럴만한 여유가 없었다는 말이 맞겠다.

- 지금 사회는 맘 놓고 '맡겨서 쓸 사람'을 기다리고 있다. -

66 직업군인 집단! '군대가정'의 '아비, 삼촌, 형님' /

'어매, 이모, 누님'의 자리에 매김 되는 것을

머뭇거리지 마라.

당당히 꿰차고 이 시각부터 병영을 다독여 나가라.

그 곳에 길이 있다. 99

직업군인의 포효(咆哮)

- 참하고 착한 순수 청년 집단
- 전장에서 싹튼 사랑 그리고~
- 비상(飛上)하는 여성 직업군인 집단
- 직업군인 집단, 단순한 직업군(群)의 일종인가?
- 유사시(전쟁/비상시) 믿을 곳은 직업군인 밖에 없다.

" 분단 된 조국을 생각하면 늘 배가 고프고 목이마르다.
형성되지 않는 국민적 안보 공감대를 생각하면
아무런 도움이 되질 못해 죄책감이 앞선다.
그럼에도 불구하고 한 편에서, 청소년과 젊은 청춘들이
나서서 '국가안보 정론'을 얘기할 때면, 묘한 기운이
솟구치고 희망이 엿보여, 용기백배할 수 있다. "

참하고 착한 순수 청년집단

둘러치고 메치고 여운을 남기는 언행을 할 줄 모른다.

군대의 명령체계가 간단명료하지 않으면,
병사들로 하여금 많은 생각을 하게 만들면,
그 군대는 유사시에 무서운 힘을 발휘할 수 없다.

가끔 이렇지 못한 군인이 있긴 하나 용하게도 멀리 가지 못하고
도태되고 만다.

선발이나 양성과정에서 조금만 걸러주면 큰 무리 없이 조직을 관
리할 수 있다.

우수한 인성을 가진 집단에서 10년~20년 잔뼈가 굵은 직업군인
들은 사회 문화적 속성을 빌러 표현해보자면,
전반적으로 벌어놓은 돈이 없고, 돈 버는 기술까지 없으며,

주변에서 조금만 잘 접근하면 속마음을 다 내비치고, 그래서 심심찮게 속상하는 일을 당하기까지 한다.

"제발 좀 약아라.
이해타산을 할 줄 알아라.
불의를 보드라도 한 호흡 가다듬어라. 하여도 몸이 먼저 반응을 하여, 고치는데 여간 힘든 게 아니다."

이런 순수 청년집단을 우리사회나 국가가 잘 보듬어주어야 한다. 이들이 전역을 할 때 우리 사회가 **'제2 직업군'**으로 연결시켜주면 이들은 천성적으로 그 고마움에 몇 백배, 천배 되돌릴 줄 아는 기본 소양이 몸에 배어 있다.

우리 사회 분위기를 맑고, 밝게 하는 일이 있다면 기꺼이 참여할 것이고, 조직의 명운이 걸린 일에는 늘 한 가운데서 중심을 잡는 것은 기본이고, 조직 CEO가 동분서주하는 곳 주변을 둘러보면 일반 직원은 할 일 없이 떠돌지만, 직업군인 출신들은 늘 어떤 명령을 기다리든지 무슨 일이라도 찾아다닌다. 진로를 고민하는 청년들에게는 **'꾸준함의 대명사'**로 좋은 본보기가 되어줄 것이다.

그냥 내 팽개치면 칠수록, 그 기간이 길면 길수록 우리사회분위기는 암담해 질 수 밖에 없고, 달리 묘안이 떠오를 수 없는 것이 오늘날 사회 분위기 이다.

5~10년 정도 짧게, 우리사회와 군의 직업관리 시스템을 연결시키는 혁신적인 프로그램을 시험 삼아 한 번 시행해 보면, 금세 결과가 나타나는 현장을 확인할 수 있다.

직업선택에 균등을 외치는 집단에서는 난리를 칠 수 있겠으나 일단 양해를 구하면서 추진했으면 좋겠다. 미국이나 독일 일본 이스라엘 등에서 좋은 결과가 나타나고 있는 것을 타산지석으로 삼았으면 한다.

민간학력, 스펙, IQ 등을 초월할 수 있는 **'총합능력'** 즉 인간과 인간관계를 동화시킬 수 있고, 조직을 윤택하고 활성화시킬 수 있는 **'놀라운 능력을 가진 직업군인 집단'**, 이들을 미처 써보지도 않고 두려워만 한 적이 있었다든지, 쓸만한 사람을 구하지 못해 고민인 곳이 있다면, 한 번 냉큼 챙겨서 써 보면 금세 함박웃음이 나오리라 자신한다.

아까운 자원이 사장되어 온지 어언 수 십 년의 세월이 지나는 동안, 우리 사회와 국가는 지금 어떤 방향타를 잃어버리고 망망대해에서 표류를 하고 있다.

자꾸만 먼 곳에서 방법을 찾으려 하지 말고,
주어진 국가예산을 나누어 쓰려고만 하지 말고,
손쉬운 길만 찾다보면 기초체력이 조기에 소진된다.

수 십 년 간 국록을 먹여 키워온 진국 같고 황소 같은 진정한 머슴(직업군인 집단)을, 그냥 광야에 고삐를 풀어 놓고 있는 무심한 정책을 바로 잡아야 이 나라가 다시 재도약하는 절호의 기회를 잡을 수 있다.

대안을 하나 제시 하자면,

현재 국방부나 국가보훈처 변두리에 '제대군인 지원센터'와 같은 기구가 있으나, 이름만 번더러 하고, 그 결과에 대해 아무도 심각하게 따지질 않다 보니, 운영자나 이용자 모두가 관심이 없는 허울 좋은 이름만 내 걸어 생색만 내고 있다. 이 모두를 한 곳으로 모아서 대통령 직속, 가칭 **'제대군인 지원 청(처)'**이라는 독립기구를 만들어 모든 사업을 기획, 계획, 집행할 수 있도록 하면 된다. 즉 병무청의 소집 단계부터 국방부의 전역 단계까지 모든 자료를 공유하면서 원스톱 처리를 한다.

이 쯤 되면, 열심히 일 한자 모두 일어날 수 있고, 국방의 의무가 결코 허송세월이 아니라 인생열차에 아주 **'유익한 정차 역'**의 역할을 할 수 있다.

앞으로 인상하려 드는 사병 월급의 절반이나, 노인 일자리 예산 일부만이라도 여기에 투자해서 조직을 재정비하고, 대대적으로 홍보하면서, 민간 기업에 상생을 독려 하면 성공은 예약 된 것이나

마찬가지이다.

"확보된 국가 예산을 나누어 주는 것, 이것, 아무라도 할 수 있는 〈단순 분배〉 수준 아닌가?"

천 금 같은 국민 세금을 투자해서 확대 재생산할 수 있도록 운영의 묘를 살리는 것, 그냥 몇 푼 더 얹어줘서 생색 내지 말고 20대 청년들의 가장 아픈 고통인 취업전선에 청신호를 밝히면, 병사들도, 부모님들도 전폭적으로 환호할 수 있는, 한국 사회 발전에 일대 전환기를 만들 수 있다.

국가 동력의 최정예자원을 어떻게 해서라도 잡아 이끌어 우리사회 인력이 필요한 곳에 연결만 시켜주면, 직업군인과 제대군인들은 또 다시, 한 번 더 제2의 청춘을 불사를 만반의 준비가 되어 있다. 애석하게도 군대의 정년이 우리 사회 타 공직자들에 비해 평균적으로 10년은 앞 당겨져 있기 때문에, **"출발선부터 전혀 다른 환경에서의 생활에 많은 장애물을 만나는 어려움이 겹치고 있다."**

처음 한 번 연결을 하는데, 서로 말문을 터는데, 큰 어려움이 있다. 이들은, 자기를 과시하고 내세우는데 무척 약하다. 일반 사회에서 흔히 사용하는 말로 표현하자면, **'자기 PR을 할 줄 모른다.'** 늘 부하와 상관을 지켜 세우고 자기를 낮추는 생활에 익숙 되어 있다

보니 묵묵히 자기 일만 하면 모든 게 알아서 해결되는 것으로 알고
있다.

설상가상으로 직업군인에게는 남 다른 단점이 하나 있다.

현란한 말솜씨와 언변이 약하다.

군대 내에서 자기들의 전문 직종에서는 모든 것을 청산유수로 풀
어 나가지만, 사회적인 것을 접하게 되면 머뭇거리기 시작한다. 일
반인들은 말하다가 틀리면 그 결과에 관계없이 순간적으로 말꼬리
를 튼다거나 무데뽀로 밀고 나가지만 직업군인은 그렇게 못한다.
왜냐하면, 자기가 한 말에 대한 책임감이 강하기 때문이다. 직업군
인의 말 한마디는 수 많은 병사들의 생사여탈이 달려 있기에 함부
로 말을 내뱉지 않는다.

이 생활이 짧게는 5년, 또는 10년, 20년 지속되는 동안 몸에 체
득되어 일반 사회에서 직업군인을 바라보았을 때, 이상하게 바라
볼 수가 있다. 어떤 일이 객관적으로 인정을 받고 누구나 수긍이
가는 일이라 판정이 났을 때, 밀고 추진해 나가는 힘은 상상을 초
월한다.

예를 들자면, 누가 물에 빠져 있을 때, 한 사람이 집단 폭행을 당
하고 있을 때, 여성이 피해를 당하고 있을 때 등은 주저 없이 나서
지만, 금전관계가 걸려 있는 일, 법적으로 한계가 모호한 일, 과거

직업군인 생활과 전혀 관계가 없는 어떤 주제가 난상토론이 벌어지는 일 등 에는 쉽게 나서질 못하고 머뭇거릴 수 있다. 이렇게 공과 사가 분명한 생활 영역에서 이들은 수 십 년 간 몸을 담아 왔다.

이따금 TV에 비치는 직업군인의 언변이 우리 사회 전문 달변가들에 비해 다소 좀 어눌함을 느끼는 것은 다 이러한 이유가 복합적으로 얽혀 있었음을 이해하는 아량이 필요하다.

더욱이 군대 내에서는 말이 많은 것을 삼가는 풍조가 있다.

말이 많아, 그것을 주어 담지 못하고, 실천에 옮기지 못해 신뢰에 금이 가거나, 목표(目標)에 이르지 못하는 경우가 다수 발생하기 때문이다.

"군대는 구두(口頭)명령도 명령이기 때문이다."

'그러니까 말을 함부로 툭 던진다든지, 요리조리 꼰다든지, 돌아서면 들통 날것을 미사여구를 섞어서 포장하지 않는다. 부대(部隊)의 승패와 장병의 생명과 직결되기 때문이다.'

전장(戰場)에서 싹튼 사랑 그리고~

육군 중령 이득주
배위 김재옥
23번묘역 1623번
63. 10. 19. 순직

　여기 서술하는 내용은 실화(實話)이며, 그냥 방치해서 역사의 뒤 안길로 사라지게 하는 것은 후배의 도리가 아니라고 생각해서, 그 애틋한 사연을 다시 한 번 들추어 보기로 했다. 직업군인 집단이나 다큐멘터리를 좋아 하는 분들에게 잠시 복잡한 머리를 식히고 싶을 때, 한 번 쯤 상상 해 보고 깊은 상념에 빠져 보았으면 하는 바람으로 소개를 한다.

어느 날 광란의 마수란 녀석이 단란하고 행복했던 가정에 날아들어, 영글고 있는 보랏빛 꿈을 산산조각 내고 말았다.

'이득주 중령, 김재옥 여사'에 관한 사연을 까마득히 잊고 있은 지가 벌써 50여 년이나 되었다.

또 한편 '고재봉' 이라고 하면 희미하게나마 기억에 떠오르고, 천륜과 인륜을 저버린 금수와 같은 인간의 대명사처럼 쓰이기도 했던 적이 있었다.

이 비련의 사건은, 당시 강원도 인제군 남면 어론리에 위치한 야전 포병단 예하 어느 대대장이었던 '박 중령'으로부터 발단이 된다. 여기 당번병이었던 '고재봉'이 대대장의 귀중품을 훔치는 장면이 가정부에게 탄로가 나자 가정부를 도끼로 살해 시도를 했으나 미수로 끝나고, 훔친 물건을 가지고 부대를 이탈했지만 서울에서 검거된다. 살인 미수죄로 징역 7개월을 복역한 다음 복수를 한답시고 대대장 관사로 돌아와 잠자고 있든 대대장부부와 자녀들을 도끼로 무참하게 살해한 사건이다.

그런데 당시 살해된 대대장은 고재봉과 악연이 얽힌 '박 중령'이 아닌 새로 부임한 이득주 중령이었다.

여기에서는 이득주 중령과 김재옥 여사, 특히 김재옥 여사에 관한 얘기를 중점적으로 다루려고한다.

이득주 중령과 부인 김재옥 여사의 **'전장에서 꽃핀 사랑'** 얘기는
숭고하고 고고하며 절절하다.

김재옥 여사는 1934년 3월 12일 충북 음성군 감곡면 상평리 156
에서 태어났으며, 감곡 초등학교와 음성여중을 졸업한 후 1950년
초에 충주사범을 나와 첫 부임한 곳이 충북 중원군 신니면 문락리
에 있는 동락(同樂) 초등학교이었다.

갓 스무 살이 됐을까 잘 생긴 용모에 남색 통치마 생모시 저고리
를 입고 있던 처녀 선생님은 1950년 6월 25일 한국전쟁이 발발한
후 중과부적으로 아군이 밀리고 있던 7월 6일 12시경 북한군이 평
화스런 이 마을에 들어왔을 때 김 선생은 다 피난간 교실에 남아 있
다가 겨우 피신하여 이들의 행동을 낱낱이 보았다.

온 마을의 소, 돼지, 닭, 곡식을 끌어내고 마을의 대한청년단 단
장이던 한상준 씨를 총살하는 만행을 목격한 후, 후퇴한 국군을 원
망하고 있던 차에 마을 뒤 피신한 암자에서 국군 제6사단 제7연대
제2대대장과 그 일행들을 만났다.

김 선생은 국군의 대대장 김종수 소령(육군 중장 예편)에게 목이
메도록 절규하며,

**"국군은 이겨 본 적도 없이 도망만 치고 있어요, 학교를 점령한
북한군 놈들이 무슨 짓을 하고 있는지 알기나 하는가요, 온 마을이**

쑥대밭이 되었습니다!"하고 울부짖었다.

대대장 김종수 소령은 김재옥 선생의 절규 속에서 북한군이 이 마을까지 진격했다는 정보를 입수하게 되었고 마을이 잘 보이는 곳으로 이동하여 쌍안경으로 살피기 시작했다.

동락초등학교 운동장에는 북한기가 펄럭이고 있었고, 야포와 소총들이 즐비하였으며, 학교 운동장과 마을 길가 나무 그늘 밑에는 북한군들이 수없이 섞여 앉아 휴식을 취하고 있었다.

일부는 저녁 식사를 준비하느라 분주하게 움직이는 모습도 보였다. 북한군은 주민들로부터 국군이 후퇴했다는 정보를 입수했기 때문에 경계를 소홀히 하고 있는 상태였다.

곧이어 작전회의를 소집하여 북한군을 공격할 결심을 하게 된다. 이들에게 기습(예상치 못한 시간과 장소에서 예상치 못한 방법으로 공격)을 감행하기 위해서 연대장의 승인을 받기에는 너무 긴박한 시간이었기에 대대장은 내가 책임지겠다는 신념을 중대장들에게 전달한 후 휘하 병력을 북한군들이 휴식하고 있는 부근 100~200m까지 근접시켜 이날 17시에 일제히 공격을 감행하였다.

결과는 북한군 제15사단(시단장 박성철 소장) 제48연대 병력 1000여명을 사살하고 간부를 포함한 97명을 생포하였으며 각종 포 14문, 소총 2000여정, 장갑차를 포함한 50여대의 차량도 노획

하였다.

이를 높이 평가한 이승만 대통령은 7연대 전 장병에게 일 계급 특진하는 은전을 베풀어 후퇴를 거듭하던 국군에게 백배의 사기를 북돋우어 주었다.

김재옥 선생의 목매인 절규가 정확한 정보로 연결되었고 젊은 대대장의 혈기에 불을 붙여서 동락리 전투를 승리로 이끌 수 있게 되었다.

그 후 김재옥 선생은 그 때 살아 움직이는 국군, 비겁하지 않은 국군의 생생한 모습에 반해 동락리 전투에 참가했던 당시에 **"대대 정보장교인 이득주 소위와 예쁜 사랑을 이어갔으며, 훗날 소령으로 진급을 했을 당시에 결혼하여 행복하게 살다가"** 졸지에 '살인마 고재봉'에 의해 부부가 나란히 조국이 지켜보는 큰 별이 되어 서울 국립 현충원에 합장된 체 지금도 국군의 희망이 되어 빛을 밝혀 주고 있다.

김재옥 선생의 뜻을 기린 동상과 기념관은 현재 동락 초등학교에 있으며 그 뜻을 기리고 있다. 한편 동락리 또는 **'무극리 전투'**에서 혁혁한 공을 세운 기념으로 초등학교 맞은편 야산에 전적비가 세워져 있다.

비상(飛上)하는 여성 직업군인 집단

1950년 9월 6일 대한민국 여군이 창설되었다.

많은 시행착오와 발전 단계를 거치면서 오늘날 명실상부한 직업군(群)의 일종으로 자리를 잡았다.

이는 사회 발전 속의 여성 지위 향상과 궤를 같이하면서, 여군(女軍)이라는 금자탑을 쌓아 소관 임무를 완벽하게 소화해 내고 있다.

그 발전 속도는 더욱 속력을 낼 태세이고, 사회적 분위기도 좋으며 군대 내 분위기도 호전되고 있어서 당사자인 여성들은 싫지 않은 표정이다.

최근 달라진 모습은 남군(男軍) 고유 직군이었던 전투병과에 까지 진입을 했고, 특히 육군 보병의 야전지휘관(대대장, 연대장 급)과 해군의 함정 장, 공군의 전투기조종사 및 대대장급 지휘관 보직까지 원활하게 수행하고 있다 하니 엄청난 변화가 일어나고 있다.

아울러 장군으로의 진출도 속속 나타나고, 최근에는 육군에서 소장(少將)으로 까지 진출한 것은, 발전을 가속화하기 위한 시너지 효과로 더욱 탄력을 받을 것이다.

무엇보다 승진과 예우가 남군과 똑 같다는 것은 상당한 장점이고, 이에 따라 각 대학에서는 여군 학군단 지정을 다투어 요청하고 있다 하니 인기를 짐작할 수 있다.

상당히 오래전 사례를 소개할까 한다.
'TS(Team Spirit; 군단 단위 한미 연합 기동훈련))훈련'이 있을 당시 야전군사령부에 근무하면서 훈련 통제관으로 파견되었던 때의 얘기이다.

미군 야영(24인용 천막 설치)지역을 들렀을 때, 미군 지휘관이 야영지 안내 겸 소개를 할 적에 천막 안을 들어갈 기회가 있었다. 그 곳은 반반으로 나뉘어 남군과 여군이 마주하면서 같은 내무 생활을 하는 곳이었다.
미군 지휘관은 대수롭잖게 소개해 나갔지만 필자에게는 상당히 충격적이었다.
같은 공간 내에서 남, 여가 취침하고, 생활하는 현장을 목격한 것이다.
한국군으로써는 상상 조차하기 힘든 광경이었다.
이것이 지금부터 30여 년 전의 얘기이다.

지금은 더 많은 것들을 공유하고 상생 발전시키고 있을 것 같다. 훈련을 마치고 복귀하여 한국군 여군 장교에게 이 얘기를 했더니 이 또한 예상 밖의 답변을 듣게 되었다.

"아유! 우리 여군들은 미군과 똑같은 생활을 할 마음의 준비가 다 되어 있는데, 남군들이 준비가 되어 있질 못하다는 것이다."
이 역시 30여 년 전 얘기이다.

그 이후 여군의 발전상을 보면 충분히 이해가 되고 앞으로 무궁무진한 발전을 할 수 있다는 것을 짐작할 수 있다.

"바보야! - 문제는 남군이야! -
이런 시쳇말이 귓가에 쟁쟁하다."

필자 스스로 수용의 폭이 좁은 것을 시인하고 인정하는 마당에, 아마 지금 군대 내의 남군이 수용하는 한계의 폭도 많이 넓어졌으리라는 생각을 해 본다.

다만 이따금 불거지는 피해 사건, 사고들은 아직까지도 과도가적이라고 치부해버리기에는 너무나 전근대적인 유형들이라 이해하려 들기에는 심란하다.

여군 스스로 더 강해지고(정신적, 육체적, 도덕적, 교육적) 조직 내 시스템이랄까, 복무기강을 한 단계 더 진화해 나갔으면 한다. 진화가 더딘 쪽을 책하지 말고 일방적으로 치고 나가면 뒤늦게 따라와 보조를 맞추게 되어 있다.

'필자가 대대장 시절 적용했던 '지휘기법' 하나를 소개할까 한다.'

여군의 '지휘기법'과 다소 차이가 있을 수 있겠으나, 이제 여군 지휘관이 남군을 지휘 통솔해야하는 시대가 도래했으니 참고가 되었으면 한다.

대대 내 1개 소대를 **'선봉소대'**라 명명하여 각종 특전을 부여하는 것이다.

대대가 고도의 단결된 전투력을 한꺼번에 향상시킨다는 것은 매우 어려운 일이다.

그래서 분기 단위로 각종 측정(사격, 산악 행군)을 시행하여 최우수 소대에게 **'선봉소대'**로 지정하고 각종 특전을 부여했다.

① 선봉소대 표창 및 깃발 수여 ② 가슴에 선봉소대 명패 부착, ③ 분대 단위 외출, ④ 인근 계곡 근처에 소대 단위 야외 숙영(3박 4일 임의 취사), ⑤ 분기 1회 대대장 임석 하에 음주가무 등, 이로 인해 병사들은 사기충전했고, **'1개 소대가 치고 나가니'** 여타 모든 소대들이 스스로 노력을 기울이는 모습을 목격했다. 대대는

자연스럽게 여러 번 사단 최우수대대로 선정되기도 했다.

여군의 수요는 가용 군 인력 자원의 감소추세에 따라 점점 더 증가될 전망이고, 활용폭도 다양한 병종(兵種)과 주특기 개발이 있어야만 한다.

이를 바라보는 사회 다수의 여성들이 지원해서 우수한 자원이 유입되고 이들이 군대 발전에 한 몫을 할 때, 분위기는 선순환으로 전환되어 군의 전투력 향상에 기여할 것이다.

아울러 여성 직업군인 역시 소정의 복무를 마치고 사회로 복귀될 때, 남군의 전역 이후 제2 직업보장과 궤를 같이하면서 사회나 국가가 보듬어 주는 제도를 정착시켜야 한다.

"여성 직업군인은 국가 성장 동력에 바로미터(barometer:지표)이고, 국제 경쟁력의 중추적 역할을 할 수 있다."

미국과 이스라엘의 여성 직업군인의 모습을 보면 알 수 있다.

위 두 국가의 국제 경쟁력(경제력, 군사력)에는 남성과 동일한 능력을 발휘하는 여성들의 적극적인 활동이 바탕에 깔려 있고 그 한 가운데 여성 직업군인들의 헌신적인 노력을 국가와 사회 전반에서

폭 넓게 수용하고 있기 때문이다.

특히 이스라엘 여성들은 남성과 동일하게 국방의 의무를 수행한다. 남성은 3년, 여성은 21개월, 18세~22세 사이에 입대하고 전역 후에도 50세까지 예비군 훈련을 받는다.

이런 당당한 모습에 주눅이 들은 주변 아랍 국가들은 이스라엘에 비해 영토면적과 인구가 50배가 넘지만 1950년대~60년대 초에 있었던 4번에 걸친 중동전쟁에서 모두 이스라엘에 패하게 되고 지금도 팔레스타인과 크고 작은 분쟁이 있으나 이스라엘은 중동의 국제질서를 굳건하게 장악하고 있다.

"2019년 7월 14일 한국을 방문한 '레우벤 리블린' 이스라엘 대통령은 남녀 모두 의무적으로 군 복무를 하는 이스라엘의 병력체계에 대해 **'평등과 자유를 중시하는 이스라엘에서는 여성들이 사회 곳곳에서 활약을 하고 있으며 군대도 예외가 아니다'**라며, **'남녀가 함께 군 복무를 하는 것은 사회를 통합하는 역할도 한다.'**고 말 했다."

국가 안보환경 면으로만 보면 한반도가 훨씬 엄혹한 상황에 놓여 있는데도 불구하고 자신감인가. 자만인가. 애써 외면인가. 무능함인가. 천하태평의 세월이 지속되고, 평화만 강조하고 있다. 평화! 이 얼마나 인류가 갈구하는 용어인가. 그런데 말로만 외치면 아님보다 못하다.

특별히 군대는 이 단어를 기억할 필요가 없다. 오직 **'전쟁 그리고 전쟁준비'** 만 기억하고 실천 하면 된다.

그 과실(果實)은 그리고 그것을 따먹는 행운은 국민의 몫으로 돌려드리면 되는 것이다.

"평화를 구가 하려면 전쟁을 준비하라. 이 말은 전쟁의 역사 속에서 만고불변의 진리처럼 통하고 있다."

그런데 전쟁 비슷한 얘기만 나오면 난리법석이다.

달리 설명하고 이유를 찾기 보다는 봉합하고 얼버무려 난세만 지나쳐보려는 얕은 수를 쓰고 있다.

이런 분위기가 여러 해 지속되고 분위기를 띄우는 동안 소리 소문 없이 빗장이 허물어지는 삐거덕 소리가 들린다.

이 분위기를 다 잡기위해서 여성 직업군인 집단이 필요하다.

나타나서 궐기를 한다든지, 매스컴에서 선전선동을 하라는 뜻이 아니다.

"▶ 당당하게 실체를 드러내라. '제복을 입고 도심지를 활보하고' 훈련하는 모습도 보여라.
▶ 국내외 위탁교육과 사회활동에 제복을 갖춘 체 다수 참여하

고, 자신 있게 입장도 피력해라.

▶ 예쁜 사랑도 하고, 가족 삶 모습도 비치도록 하라.

▶ 다양한 분야 근무 모습(전후방, 야전, 전투기, 함정, 헬기, 전차, 간호 봉사, 교통정리 등)을 매스컴을 통해 노출되도록 해보라.

▶ 모교를 찾아가 위상도 뽐내고, 경험담도 들려주는 일에도 나서라.(계급 불문)"

이렇듯 여성 직업군인 또는 여군들이 3D(Difficult〈어려운〉, Dirty〈더러운〉, Dangerous〈위험한〉)현장도 마구 누비면서, 국가와 민족을 위해 또는 자신과 가족을 위해 물불 가리지 않고 있다는 현실이 보편화 되면, 집단 전체에게도 직접적인 영향을 미치겠지만 꽃길만 걸으려는 여성, 땀 냄새를 싫어하는 여성들에게도 묘한 긴장감을 심어 주어, 우리사회 전체 분위기가 일신되는데 큰 역할을 하게 된다. 아울러 어린 여자 아이들도 장래 희망 서열에 당당히 올릴 수 있고, 젊은 청년들에게는 선망의 대상으로, 혼기 찬 과년한 자식을 둔 부모들은 내 가족으로, 기업인들은 채용 우선순위를 앞세우는 것은 시간문제로 다가올 수 있다.

바깥세상 또래들은 꽃단장, 꽃 장식 하고 청춘을 노래할 때, 이들은 상관과 부하 관계 유지를 위해 노심초사하고 인접 동료와 건설적인 협조관계 유지를 위해 골독하고 있다.

또래들은 시원하고 따뜻한 실내에서 사내진미를 즐기며 희희낙락할 때, 이들은 진한 땀 냄새 머금고, 1식3찬 음미할 새 없이 후다닥 끼니 책임만 다 한다. 또래들은 미니스커트 민소매에 하이힐 신고 뭇 남성들의 시선을 빼앗고 있을 때, 이들은 군화와 군장에 철모 쓰고 소총을 매고, 가상의 적을 향해 매서운 눈초리를 보내며 산야를 누비고 있다. 그래도 다행히 또래 일부들이 아르바이트 하며 학비를 조달하고 있을 때, 이들은 담은 얼마라도 저금하며 자기 앞길을 챙기고 있다. 어쨌든 희 노 애 락을 곱씹으며 동료 선후배가 있어 즐겁기만 하다.

'청춘이라 아프긴 아프다.' 하지만, 여성 청춘 직업군인은 다가올 미래가 더욱 궁금하고 벅차며 아플 새가 없다. 선배들의 여정을 보면 힘이 솟는다.

어서 세월이 빨리 갔으면 싶다. 앞서 간 선배들의 저 길을 나도 디뎌보면 어떨까, 자꾸만 욕망이 솟구친다.

여성 직업군인들의 장점은 들추어내고 또 내도 끝이 없을 정도로 진화해 나가고 있다. 특별히

오늘날 이 시대를 살아가는 청춘들에게 희망의 끈을 놓지 않도록 삶의 이정표 역할을 톡톡히 하고 있고,

우리사회 암울한 분위기에 등불이 되고, 칠흑 같은 항로에 등대가 되어 민초들의 삶에 용기를 북돋우고 있다.

그럼에도 불구하고,

몇 가지 더 부담을 안기고 싶은 것이 있다.

"▲ 잘 한다고 지켜 세울 때 너무 튀면, 천 길 낭떠러지 끝에 직
　면할 수도 있다.

▲ 그대들의 경쟁 상대는 남군이 아니라 휴전선 북쪽에 있는 북
　한군, 중공군, 러시아군, 일본의 자위대군 여성 직업군인 집
　단이고, 또 일부는 바깥 세상에 있다.

▲ 그리고 그대들은, 제복 차림으로 외출하고, 휴가가고, 데이트
　하고, 거리를 활보하는데 주저주저하지 마라. 각급 제대 지휘
　관들은 이를 장려하도록 해라.

▲ 각 군의 예산편성에 이들의 품위유지비를 대폭 상향 조정해서
　대한민국 '국군의 표상'이 되도록 해라."

지금 당장도, 항공사 여성 승무원이 정장으로 거리에 나타나는
것 이상으로 광채가 눈이 부신다.

이것은 결코 공치사가 아니고 진심을 담은 것이다.

이제,

우리나라 여성도 이스라엘 여성과 같이 의무복무의 시대(담은 1
년 정도로)를 검토해 보길 제안 해 본다.(여성 직업군인 집단에서
선도적으로)

만약 공감대가 형성된다면, 상상해 보는 것만으로 벅차고, 앞으로의 여성시대, 즉 글로블 여성인재로서의 펼치는 활약이 그려지기 때문이다.

아울러

군 복무 각종 병종(兵種)에 여군이라서 곤란하다, 어렵다, 관례다. 하는 것, 이 모두를 타파해서 광범위하게 문호를 개방하고 군대 내 활력을 북 돋울 필요가 있다.

일본군 자위대 잠수정 부대에 아시아 최초로 여군을 복무하도록했다고 한다.

세계는 날로 변화와 진화의 폭을 극대화하는데, 한국군은 이 보다 더 한 발자국 앞서 나가도록 해야만 한다.

- 남군(男軍)의 **'사고의 대전환과 사고의 기동성'**이 돋보일 때가 되었다. -
- 여성 직업군인에게 걸고 있는 국민적 기대를, 군대의 무력(武力)으로 비유하자면, 〈꽃다발〉이 아니라, **대량살상무기(핵, 미사일, 화생)급** 수준이다. -

직업군인 집단,
단순한 직업군(群)의 일종인가?

우리 사회의 직종분류 개념으로만 보면 그렇게 볼 수 있다.

그러나 직업군(群) 중에 하나로만 보는 것은 단순하게 보는 것이고 조금 더 **'결'**을 달리해 볼 필요가 있다.

'격(格)'을 달리해 보자는 의미는 아니다.

이들은 일반인들이 상상하는 일상적인 범주를 초월하는 미지의 세계에서, 남다른 생태계를 넘나들며 살아가는 고독하고 신비한 영혼을 소지한 집단이다.

나 보다는 남을 먼저 챙기고, 자신보다 동료 전우를 먼저 생각하며, 늘 책임은 자기에게 돌리고 명예는 상관에게 바치는 사명감과, 궁극적으로는 국민과 국가를 먼저 생각하는 충성심으로 똘똘 뭉쳐 있는 집단이다. 말하자면 시대 조류와 전혀 다른 삶을 영위 해 나가고 있는 것이다. 내 것을 챙기는데 둔하고 무감각하다. 어떻게 보면 인위적인 것처럼 보일 수도 있겠지만 사실은 일상이 되어 있고 자연스럽게 몸에 배어 있다. 우리 주변에서 내 것만 취하고는 수수방관 하는 이기주의나, 내 주변의 안위만을 위해 철옹성을 쌓아두고 세상 돌아가는 것을 지켜만 보고 있는 보신주의, 가졌으면서도 더 가지려고 불공정, 부정의, 불공평에 함몰되어 전혀 죄의식을 느끼지 못하는 철면피한들과는 차원이 다른 삶을 살아가고 있다.

이들은 무엇을 이 만큼 더 평가해 달라 던지, 혜택을 부여해 달라 던지, 곱게 봐 달라 던지 하며 무리한 요구도 없이 오직 **'무 요구와 무소유'**의 삶을 추구하는 성직자적사고(思考)를 하며 지내는 것을 일상으로 여기고 아무렇지도 않게 생각하고 있다. 그렇다고 해서 성직자의 범주에 접근하느냐 하면 그건 결코 아니며, 삶의 가치 기준을 남다르게 두고 있다는 것을 말한다.

좀 더 세심하게 관찰해 보면, 독특한 현상이나 분위기를 읽을 수 있다.

'직업군인 집단', 이들이 소심해 지고, 의기소침하고, 비전을 볼 수 없다 하여 숨을 죽이거나 체념을 하게 되면, 그 국가의 성장 동력은 깔아 앉게 되고 사회 전반의 활력까지 느슨해지는 이상 징후가 나타나게 된다.

군대란 것이 경제적 가치 수준을 창출하는 수단과 도구도 아니면서,

"군대 내 분위기인데 국가 사회 전체가 출렁이는 것, 참 묘 하지 요?"

그게 왜 그러냐 하면,

국가 최고, 최대의 **'피 끓는 청년집단 결성 체'**를 조정, 통제, 총괄 지휘하여 최정예 **'국민의 군대'**로 자리매김하도록 하는데 중추적 역할을 하는 '직업군인집단'에서, 무슨 연유로이든 생명력과 추동력에 마비현상이 발생하게 되면, 이런 안보환경은 곧바로 각개 병사에게 영향을 끼치게 되고, 병사들의 분위기는 시시각각으로 사회여론에 전파되게 되니, 각 가정은 예상치도 못한 **'국가안보의 딜레마'**를 감지하게 된다. 이런 음습한 소문이 지하경제, 서민경제, 증권가의 지라시로 확대 재생산이 되고, 이로 인해 사회 기층 민심이 요동치며 흉흉하게 된다. 한마디로 요약하자면, 곧 무슨 국가적인 변고(變故)나 위기가 발생할 것 같은 이상 전조현상으로 비치어 분위기가 이상한 방향으로 흘러가면서 고조 된다는 것이다.

그럼에도 불구하고, 사회 일각에선 담대한 척, 어쩌면 애써 외면하며 **'군대내 분위기쯤이야'** 하고 대수롭잖게 넘기려는 경향이 있다.

직업군인 이들은 분명히 누구의 아들딸이며, 누구의 부모형제이고 한가정의 일원이면서, 우리 사회 여러 곳에서 지역민과 어울려

지내며, 수입원의 일부를 사회 곳곳으로 환원하며 함께 살아가고 있다.

　이들은 국가 전반적인 분위기와 흐름을 잘 읽을 줄 알면서도, 비록 속은 부글부글 끓어도 그야말로 담대한 척, 군인의 길을 걸어가기 위해 **'직업인으로의 군인이 아니라, 국민의 군대'**로서 소임을 다하며, 바깥 세상일들은 그냥 **'위정자(爲政者)'**들에게 맡겨두고 소박한 꿈을 꾸며 살아간다.

　그러나 속은 쓰리고, 머리는 복잡하다. 단순 명료한 것을 덕목으로 여기는 이들의 머리를 복잡하게 만들면 안 된다.

또 다른 현상은, 그들의 생활 패턴에서 특이한 점을 발견할 수 있다.

　이들은 상품 구매에 정찰제도를 좋아하고 흥정하는 것에 익숙하지 못하다. 그 보단 흥정을 할 줄 모른다.

　한번 단골이면 영원한 단골이 되고 이곳저곳 잘 기웃거리질 않는다. 고가와 유행 잘 타는 것을 좋아하지 않고, 남성은 단벌신사가 많으며 여성은 시장패션과 실용적인 것을 좋아한다.

　음식의 질, 제품의 질도 잘 살피지만, 이를 관리하는 사람들의 정직성에 더 잘 꽂힌다. 즉 거짓말하고 말이 많고 짙은 화장에 요란 떠는 것을 피하는 경향이 있다.

　특히 사람 살피는 것, 상대방을 빨리 인식하는 것을 중요시 하는

성향이 있기 때문에 어떤 식당, 가게 등을 몇 번 다녔는데도 알아
보질 못하면 그 곳이 설령 특수한 유명세가 있더라도 다시 찾질 않
는다. 그 보다 덜 유명하지만 잔정성이 느껴지는 곳을 찾게 된다.

대인관계에서도 돋보이는 게 있다.

"이말 저말 말을 옮길 줄 모르며, 한 번 오간 말은 끝까지 신뢰한다. 배반(신)하는 것을 일생일대의 수치로 알고 한번 맺은 인연을 생명처럼 소중하게 생각한다."

이렇듯, 좀 별난 것 같지만 뜯어보면 서민 냄새가 물씬 풍기는 우
리 민초들의 삶 그 자체를 몸소 실천하고 있다.

이에 짜증내는 사람들이 가끔, 꼰대고, 불통이고, 고지식하다며
거북하게 여기는 부류도 있지만, 몇 번만 만나보면 금세 묵은 마음
두지 않는 진국임을 알게 된다.

따라서 '직업군인'들은 일상생활에서 군인과 사람이 같이 걸어가
고 있다는 식의 비아냥거리는 소릴 하는 것을 제일 싫어하면서, 늘
보통이며 튀지 않고 평범한 삶을 살아가려고 한다.

오래전 필자가 육군 소령일 적 에피소드(episode: 일화〈逸話〉)
하나를 소개할까 한다.

그 날 일요일 이른 아침에 이발을 하려고 인근 이발소에 갔다. 첫 손님이라 평소 잘 알고 지내는 주인과 인사를 하고 면도를 할 즈음 손님 한 분이 들어 왔다. 주인과 잘 알고 지내는 사이 같았고, 목소리를 들어보니 젊은이 같았다. 그 즈음 도로를 행진하며 군가를 힘차게 부르는 소리가 들렸다. 아마 인근 부대 장병 일부가 일요일 종교 활동을 위해서 이동 중인 듯 했다.

그 때 조금 전 들어온 손님이 '군바리 0끼들 아침 일찍 어딜 간다고 꽥꽥 대고 있나!' 라고 했다.

필자는 자신도 모르게 벌떡 일어나서 '야 이00야, 너 군대 갔다 왔어.' 라며 큰소리로 호통을 쳤다.

그 젊은이는 놀라면서 아직 가지 않았습니다. 라고 했다.

군대도 안간 녀석이 **'군바리'**란 말을 함부로 쓰고 있나. 내가 너를 '민바리' 라고 하면 좋겠어?, 또 네가 휴가 중에 군복을 입고 있는데 누가 **'군바리'** 어딜 가느냐. 하면 좋겠느냐. 고 하니 그제 서야 알아차리고 잘못했습니다. 라고 했다.

휴일 이른 아침이고, 아직 어린 친구가 시쳇말을 여과 없이 쓰다 보니 나온 말이기에 필자도 격노한 것을 사과하고 끝을 맺었다.

참고로, **'군바리'**란 군인을 낮추어 부르는 비속어이고, '민바리'는 필자가 빗대어 만든 급조된 용어로써 통용되는 용어가 아님을 밝힌다.

직업군인 대부분은 무슨 경우에서든 사회생활에서 차별을 두는 것을 무척 싫어하고 평범하게 봐주기를 바라고 있다. 그냥 '군인'으로 부르면 된다.

이 쯤 해서 북한은 어떻게 직업군인과 일반 병사를 관리하는지 살펴보면 쉽게 비교 평가할 수 있다.

북한은 대략 120만의 장병으로 군대를 유지하고 있다.

이 중에서 직업군인은 대략 36만 명이고 나머지가 사병으로 구성되어 있다. 말이 사병이지 실제 복무기간이 10년~15년으로써 한국군의 직업군인과 동일하다.

1990년대 100만~200만 명의 아사자가 발생하는 고난의 행군 시기에도 북한군대에는 적정량의 식량이 보급되었다. 지금 현재에 UN과 미국 등 전 세계적으로 온갖 경제 제재가 몰아닥쳐도 군대에는 위기감을 최소화 시키며 현상 유지를 한다.

경제가 어려우면, 군대를 줄이거나 복무기간을 단축하는 자구책을 강구해야하는데, **'자체적으로 병력 감축이나 구조조정은 절대 하지 않고 있다.'**

왜 이러느냐하면,

만약 북한이 병력체계를 조정해서 젊은 청년집단이 무더기로 사회에 나왔을 때, 어디라도 수용할 곳이 있었다면 당연히 조치를 취했겠지만, 예를 들어 기업이나 공장에 취업한다든지, 해외 노동력 송출을 한다든지, 자영업이라도 펼칠 수 있었다면, 제아무리 선군정치(先軍政治)를 하고 병영국가 형태의 통치를 한다고 해도, 국가 성장 동력의 원천을 군이 군대에 오랫동안 묶어둘 이유가 없다.

이들이 사회에 무방비 상태로 방출되어 직업 없이 방황 한다면, 이른바 체제 불만 세력으로 확대되어 어려운 경제나 국제 제재 이상으로 김정은 유일체제 유지에 위기감을 조성하게 된다. 북한 전역은 난동과 소요, 노략질(擄掠 : 떼를 지어 다니며 사람을 헤치거나 재물을 강제로 빼앗는 짓)로 아어질 것이고 현역에 복무하고 있는 군대 역시 앞으로 닥칠 그들의 미래가 바로 보이니까 선배들의 행동에 동참하는 것은 시간문제로 발전될 수 있다.

때문에 김정은은 어떻게든 젊은이들을 군대에 묶어서 **'먹고 자고 입는 문제'**를 해결해 주는 행위를 계속할 것이다.

그럼에도 불구하고 북한 군사집단은 어떤 임계점에 도달하고 있다.

직업군인으로서 내 가족 건사도 못하고, 긴긴 세월 맹목적인 충성에도 더 나아질 기미는 보이질 않고, 지루한 염증만 생겨 서 도무지 비전을 찾을 수 없다는 것을 서서히 감지하고 있다. 따라서 북한군 수뇌부는 마지막 카드를 꺼내고 있다. 어떻게든 순수한 북한군 청년집단을 군대내 오래 묶어두려고 다음과 같은 〈신의 한 수〉를 공공연하게 선전선동하고 있는 것이다.

"지도자 동지의 명령만 떨어지면, 3일 이내 남조선 수도를 점령할 수 있다. 그 곳에 가면, 우리의 열성동지들이 〈쌀밥에 고깃국을 끓여 놓고 동지들을 기다린다.〉 남조선 해방을 위해 때를 기다리자."

북한 군대 내, 또는 젊은 청년집단의 위기가 곧바로 사회 분위기에 전달됨을 알 수 있다.

같은 맥락에서 공산주의(사회주의)체제 통수권자들의 통치 기술과 이들 개별 국가들의 면면을 드려다 보면 신기할 정도로 군대와 인민을 사로잡는 모습이 일치한다.

구소련 스탈린으로부터 러시아 푸틴에 이르기 까지, 중국의 모택동으로부터 시진핑에 이르기 까지, 구 동구권 국가 폴란드, 체코, 헝가리 등, 아랍의 이란, 과거 이라크 사담 후세인, 시리아, 예멘 등, 아프리카의 리비아, 카메룬, 우간다, 짐바브웨 등, 그리고 남미의 베네수엘라, 쿠바의 카스트로와 그 아우 피델 카스트로에 이르기 까지 이들은 공통적으로, 이념과 체제를 같이하고 설령 동맹국가라 할지라도, 가난하여 어려움을 호소하고 아무리 구호의 손길을 내밀어도, 절대 **'고기 잡는 방법을 알려 주질 않는다.'** 겨우 목구멍에 풀칠 할 정도로 단순하게 지원을 한다. 현재 중국이 북한에게 지원하는 스타일이 이렇다.

과거 김정일 시대(김정은 아버지)에 경제난으로 **'고난의 행군시기'**를 맞을 때, 중국에 보다 통 큰 지원을 해달라고 요청했지만 들은 체도 하지 않았다. 이때부터 북한은 핵 등 대량살상무기 실험을 해도 중국에게 먼저 알리지 않고 늘 실행을 한 후에 통보를 해 주는 이른바 **'상호 내정간섭'**을 하지 않기로 했다. 또한 개별 국가들 역시 **'백성들에게 배가 부를 정도로 여유를 베풀지 않는다.'** 늘 삶이 팍팍하고 쫓기도록 만들어 오직 국가만 바라보도록 만든다. 지금 북한이 하고 있는 식이 꼭 이렇다.

한국의 직업군인 집단은 지금 무슨 생각을 하며, 어떤 삶의 이정표를 세우고 있는가?

직업군인은 하나의 직업군(群)에 속하면서 타 직업군과는 다르게, 그들의 기본 틀에 플러스하여 국가와 국민에 헌신적으로 무한 봉사를 하는 직군이다.

사회 일각에서 바라보면 상당히 까다로운 집단으로 볼 수도 있다. 쉽게 접촉할 수도 없고, 대화의 장르가 너무나 달라 소통의 벽도 두터우며 혹여 말이라도 걸었다가 도리어 무언가 지적을 받고, 훈련의 대상이 될 것 같기도 하며, 어떤 넘을 수 없는 벽에 마주친 것 같은 기분이 들어 데면데면 하면서 접촉을 꺼린 것이 무관심으로 발전했고, 누가 만들지도 않은 선이 그어지게 되었다.

이것을 풀든지 제거해야하고 가능하면 많은 대화의 장을 만들어야 한다.

과거를 회상해 보면, 그 때는 대대 급까지도 부대 위문이란 것이 있었고, 위문편지도 있었으며, 다양한 대민지원이란 것도 있었다. 나름 오가는 정으로 벽을 터는 통로가 있었는데 근래(현대)에 들어서는 SNS라는 문명의 이기가 오히려 악영향을 끼친 게 아닌가 싶을 정도로 답답함을 느끼고 있다.

각개 장병 개인적으로는 소통이 되고 스트레스가 해소될지 모르지만, 군대의 힘은 조직에서 나오기 때문에 동료와 상하 간 유대관계 유지에는 걸림돌이 될 수 있다.

이를 병행 발전시키기 위해서, SNS 활동의 적절한 범위 설정과 병행해서 단체 운동, 분대장이 포함되는 분대단위 임무 부여, 아울러 분대 단위 상벌제도를 발전 시켰으면 한다. 소대 급까지 확대하면 더욱 금상첨화가 될 수 있다.

이러한 독특한 환경 속에서의 직업군인이 단순히 직업인으로써의 삶만 산다고 생각을 해보자. 군대 분위기의 삭막함은 물론 사회 분위기 전체에도 악영향을 미칠 수 있다. 어떻게든 이 사회를 살아가야하고, 남에게 지고는 못 견디는 이들의 특성상 타 직업군에 비해 비교우위를 유지해야만 직성이 풀린다. 아울러 한 가정을 건사해야하니 알게 모르게 투 잡(two job)에 뛰어들어 군대 본연의 임무를 등한시하고, 군대 본연의 긴장감마저 퇴색되어 간다고 생각해 보면, 우리가 역사에서 이미 직간접적으로 체험한,

"중국 국공내전에서 패한 장개석 국민당의 국부군과, 패망한 남베트남 군대의 전철을 강 건너 불로만 볼 수 없다."

지금 북한 군대가 여러 가지 대우가 옛날 보다 못하다보니 밀수, 장마당 관여, 군수품 유출, 모든 게 돈으로 해결을 보려는 행위가 만연해 지고 있다 한다. 이는 곳 중국 국부군과 남베트남의 길, 즉 패망의 길로 가는 전조 현상이라고 보면 된다. 김정은도 이를 알고 있기 때문에 자기 능력 범위 내에서 최상의 혜택을 주려고 애 쓰고 있는 모습이 보인다.

우리 군대에도 최소한의 배려가 필요하다.

민과 관, 그리고 사회 특수단체들이 군대와의 관계가 부드럽게 이어져야만 사회분위기가 좋아진다.

군대와 무슨 절 천지 원수가 졌는지 사사건건 물고 늘어지고 파헤치고, 뒤집고, 악성 댓글을 넘치게 달고, 무슨 단체라 하면서 민간인이 군대를 출입해 마구 헤집고 다니고 하면, 사회와 군에 무슨

도움이 되는지 우려스러운 현상이 아닐 수 없다.

2019년 5월 26일, "미국에서 한국전쟁 참전 용사의 장례식에 전혀 알지도 못하는 수천 명이 운집하여 용사의 마지막 가는 길을 함께 했다는 보도를 접했다."

이 분은 미국 오하이오 주 신시내티 스프링 그로보 묘지에 안장된 향년 90세이신 '헤즈키아 퍼킨스' 씨로써 한국전쟁 참전 용사이시다.

미국이란 나라가 세계 최강국이 된 이유를 알 수 있는 대목이다.

정부와 일부 전문 영역에 있다는 사람들은 무슨 묘책이라도 강구하려는 듯, 민관군의 관계개선과 우리 사회의 갈등해소를 위한 해결책을 찾으려고 나름 에너지를 소비하고 있다.

멀리 가지 말고 바로 우리 이웃에 묵묵히 소임을 다하는 '직업군인 집단'을 눈여겨 바라보기 바란다. 지금까지 여러 사례를 들어 제

시한 이들의 속성을 이해하고 대화의 물꼬를 터서 국민의 군대라는 인식을 같이하면서, **'제도적으로 국가가 이들의 인생여정을 살포시 보듬어 주면'**, 순수하고 맑은 영혼을 가진 이들 청년집단은, 사기충천해져서 직업인으로의 군인 보다, 국가와 국민을 향한 무한봉사 결사체로서의 **'직업군인'**으로 직분을 훌륭히 수행해 나갈 수 있다.

왜냐하면 직업군인집단은, 가시적으로 손에 쥐어지는 게 아무것도 없는 **'사기(士氣)란 녀석을 먹고, 밤이슬을 먹고'**도 살아갈 수 있는 **'독특한 인생'**이기 때문에 그렇다.

자- 이제,
지금까지 희생만 강요했던 이들에게 자그마한 보탬이 될 부분을 제안한다. 정년을 만 60세로 연장해서 자식들 시집, 장가 보내고 홀가분하게 사회로 나설 수 있는 '삶의 현장'을 마련해 주자 !!

유사시 (전쟁/비상시) 믿을 곳은
직업군인 밖에 없다.

국민은 무슨 영문인지도 모른 체, 막상 전쟁이 났다는 가정을 해보자.

가정(假定) 자체도 싫겠지만, 우리는 이미 지난 역사에서 6.25 한국전쟁이란 수난의 역사가 있었고, 지금 이 순간까지 155마일 비무장지대를 중심으로 남북이 정전 상태로 대치하고 있기 때문에 숙명적으로 기억에서 지우기는 힘들게 되어 있다.

국민은 생업에 매진해야하고 대신 국가가 모든 경우의 수를 총합해서 국민 생활에 안전을 도모해야 한다.
이것이 국가가 있는 이유이고 가치 기준이 되는 것이다.

그런데 우리 모두는 전쟁이 났을 때 무슨 행동을 어떻게 해야 하는지 그 기준을 알고 있는가?

　나 자신은 어떻게 해야 하고, 내 가족의 안전은 어떻게 도모해야 하는가. 산속으로 가는가. 지하로 들어가는가. 자가용차에 생필품과 가족을 태워서 남쪽 어디론가 달리면 되는가. 돈이 있으니 배를 사서 바다로 뛰어 들면 되는가. 비행기를 타고 해외로 나르면 되는가. 온갖 상념에 빠져들게 된다.

　특히 북한의 대량살상무기(핵, 미사일, 화생) 공격에 대비한 대책은 어떻게 하는가? 아무리 생각해도 '요행' 외에는 뾰족한 수가 없나보다.

　더욱 놀라운 것은, 국민이 어려움에 직면하면 몸과 마음을 불살라 모든 걸 다 해결해 줄 것처럼 나대든 그 잘 나가든 정치인, 공직자, 지식인(교수 등), 언론, 종교, 과학기술, 문화/예술, 기업인, 평론가들, 만병통치약처럼 달디 단 말만 쏟아 붓고선 모두 어디론가 살아지고 나 혼자만이 덩그러니 남아 있다.

　총알은 빗발치고, 포성과 폭격의 굉음이 천지를 진동하는 아수라장, 아비규환의 현장이 펼쳐지고 도시기반이 무너져 전기 가스, 수도, 대중교통수단이 두절되었고, 전화, 핸드폰이 불통이며, 겨우 라디오와 무선 인터넷 정도가 소통이 되면서 **'전쟁지도본부'**의 국방부장관은 전 국민에게 성명(聲明)을 발표한다. 군사물자와 장비, 병력의 이동 관계로 모든 도로망이 차단되고 있으니 집 밖으로 나온다든지 차량으로 도로를 점령하는 일이 없도록 해 달라는 경고

주의 소식만 들리고 있다.

　꼼작 없이 당하는 모양이다.

　　"실제 전쟁 시 개인 차량이 주요도로를 점령하면, 〈레커차(wrecker)나 견인차〉로 모두 정리하도록 되어 있다. 동원병력의 이동과 군수물자 수송이 최우선이기 때문이다."

　이 때 우리 주변에 홀연히 나타나서 질서를 유지하고, 살고 있는 주변 외곽에 진지를 구축하며 주민을 보호하고 안정시키며, 친절하고 소상하게 행동 기준을 알려 주는 집단이 있었다.

　평소에 어디서 본 덧하고, 저기 어느 외진 곳에서 말없이 살아가고 있든 그 사람이 수많은 사람을 지휘하면서 질서를 유지하고 있었다. 또 저 사람은 우리 아파트 경비원인데 평소에 별 관심 없이 지켜본 사람이 기세등등하게 온 아파트 단지 전체를 호령하고 있다.

　무엇에 홀린 덧, 미친 덧, 또 한 편에선 묵묵히 국민의 주변에 무슨 변고라도 생길라 감시하고 편의를 도모하려 동분서주하고 있었다.

　저렇게 당당하고 기세 넘치는 모습을 평소에 전혀 알아차리지 못했는데 어디에서 무슨 힘을 저장해 두었는지 의젓하고 든든하고, 조직적인 움직임에 믿음이 간다.

이런 모습이 전쟁 초기에 전개될 수 있는 상황이다.

전쟁이 일어나면 걷잡을 수 없는 급변하는 상황과 무질서로 인해 곧바로 공황상태로 돌입되게 되고 일시적으로 기억력, 판단력, 방향감각 등이 흐트러지게 되어 있다.

국민은 이 상황이 다소 길 수도 있지만 군대와 직업군인은 곧바로 정상궤도에 진입해야 한다. 이를 위해서 평소에 끊임없이 훈련하고 학습을 하는 이유이다. 그리고 그런 행동이 몸에 배어 있어서 자동적으로 임무를 수행할 수 있게 되어 있다.

우수하고 유능한 자원들이 우리 사회 저변 여기저기에서 지난 시절 갈고 닦은 '숭무(崇武) 정신'을 감춰두고 현실에 적응하며 살아가고 있다. 이들이 살아가는 방식은 결코 주변에 누가 되지 않으며 나대지도 않고, 주어진 임무를 철저하게 수행해 나가는 철칙이 있다.

둥글둥글하게 누이 좋고 매부 좋은 식으로 살아가려 하는 사람들에게 직업군인들의 삶의 행태(원리 원칙적이고 과묵함)는 다소 부담이 될 수도 있겠으나 조직을 관리하는 사람의 입장에서 보면 천금과 보배 같은 존재가 될 수 있다.

그래서 국민이 가장 두려워하는 전쟁 상황에서도 이들은 아무런 보상을 기대하지도 않고 최악의 상황에 뛰어 들 수 있는 용기와 기개가 있는 것이다.

예비역 직업군인들도 인간인지라 내 가족과 내 주변을 먼저 챙겨
야 되겠다며, 다른 사람의 안전을 강 건너 불 보듯 한다면 그래도
법적으로 제재할 방법이 없다. 그러나 이들은 직업군인 양성과정
에서부터 귀에 딱지가 앉을 정도로 습득해온 행동규칙인, **'국가와
국민을 우선해야한다.'**는 평생 무한봉사의 국가관이 몸에 배
어 있다.

**이들을 방치하느냐 마느냐 하는 것은 '국민의 선택이고, 국가의
관심이며, 한국의 미래라는 점'을 새겨 두었으면 한다.**

오직 외길 인생만을 걸어가고 있는 '순수 집단'인 이들에게 국민
의 인정과 칭찬, 격려만으로 충분하다.
무관심과 힐책, 군대를 깔아보는 시선이 팽배해 지면 용기와 사
기, 충성심에 큰 오류가 생기고 국민과 군이 나누어지는 걷잡을 수
없는 격랑이 휘몰아칠 수 있다.

'군대는 국민의 군대이지 어떤 정치, 정파에 속해 있지 않다.'

군대를 슬며시 정치에 이용하려고 잠시 군대에 들러서 관심을 비
치고 토닥인다고 해서 군심(軍心)이 요동치는 것이 아니다.
군대 자체가 순진무구(純眞無垢 : 티 없이 순진하다), 단순 하듯
이 생각을 깊게 이해하며 들으려 하지 않는다.

그냥 평소부터 꾸준히 제 갈 길을 가면 그것으로 만족한다.

군대의 길은 오직, 국가와 국민을 향한 무한봉사의 길이기 때문
이다.

**"군대도 사회 어느 집단 못지않게 우수한 자원들이 몰려들고 있
다."**

특별히 방점을 찍을 수 있는 것은 젊고, 패기 있고 싱싱하다는 점
이다.

단지 일상생활이 '국가이익'에 초점이 맞춰져 있다 보니, 개인의
사사로운 이익이나 가족보다 먼저 주변을 돌아보고 집단의 성공에
몰입하게 된다. 일반인들이 생각하기에는 별나라, 달나라에서 온
외계인처럼 느껴질 때가 있다.

일반적인 대화에도 '다' '나' '까'로 끝을 맺는 것이 습관이 되어 있어
서 대화의 연결에 어려움이 있고 순수성을 의심 받는 경우도 있다.

이런 생활이 5~10년 또는 그 이상 되어 봐라.

이들이 사회에 나왔을 때, 달변과 궤변의 달인들이 법석이는 곳
에서 생활을 영위하고 가족을 건사할 수 있겠는가.

긴 세월 국가와 민족, 국민의 군인으로 몸담은 이들을 사회나 국
민이 붙잡아 주질 못하면 점점 더 괴리감이 심해지고 '각자도생'의

길로 치달으면서 전쟁이 일어났을 때 국가와 민족 공동체에 아무런 도움이 되질 못한다.

언젠가 있을지 모를 전쟁에 대비해서 키우고 있는 집단, 그 집단 속의 '직업군인', 이들을 이대로 방치하면 안 된다.

평화는 전쟁이 없을 때 평소에, 꾸준히 준비를 잘해 두면 엄혹한 안보환경 속이라도 살아남을 수 있다.

"세상이 잘 돌아갈 때 일수록 각별한 관심을 두어야할 집단, 무심코 무심결에 수수방관 했고, 물처럼 공기처럼 지나쳐온 집단, 아무런 떼쓰는 일 없이 지내 길래 별일 없나하고 지낸 집단, 속은 만신창의가 되고 부글부글 끓어도 가슴 활짝 펴고 당당했던 집단, 국가가 소용돌이에 휩싸이고 국민이 방향타를 잃어 헤매 일 때 기꺼이 손잡아 줄 수 있는 집단,

이것이 '직업군인 집단의 존재이유'이다."

**❝ 여성 직업군인은 국가 성장 동력의
바로미터(barometer:지표)이고,
국제 경쟁력의 중추적 역할을 할 수 있다. ❞**

❝ 직업군인 집단은, 가시적으로 손에 쥐어지는 게
아무것도 없는 **'사기(士氣)란 녀석을 먹고,
밤이슬을 먹고'** 도 살아갈 수 있는
'독특한 인생'이다. ❞

직업군인의 용틀임

- 군대를 물렁물렁하게 만들지 마
- 군대 내 사건 · 사고 줄일 수 있다.
- '국방 수뇌부'의 올곧은 군인의 길
- 청춘이여! 직업군인의 길을 선택하라
- 국민과 직업군인이 동행하는 날
- 직업군인은 IQ보다 EQ가 필요하다.

66 깊은 상념에 사로잡힐 때가 있다.
간단하고 단순 명료한 것에 익숙한 우리에게 많은 생각을 하게 만들면, 국민만
바라보는 중립의 의지가 혼선을 빚게 된다.
함부로 툭툭 건드려 본다든가, 혹 치고 들어오는 괴짜들이 없도록
해 주면, 보기에 따라 다소 답답하고 불편한 것이 있겠으나,
우리는 자연정화가 될 수 있다. 99

66 겉으로는 당당하나, 속으로는 온 몸을 비틀고 꼬면서 늘 국가보위만을 위해
골독(汩篤)하고 있다. 섣불리 만만히 보고 이들을 건들지 마라.
  - 이들은 절대 남을 먼저 건들지 않는다. - 99

군대를 물렁물렁하게 만들지 마

국가 간에 이해관계가 맞물려서 곧바로 긴장과 경쟁체제로 돌입되는 것을 수도 없이 보아 왔고, 또 당해도 보았으며 지금도 겪고 있다.

이런 것들이 어느 정점에 이르면 전쟁이라는 비극의 현장으로 가게 된다.

이를 미연에 방지하고 억제를 위해서 국가와 국민은 군대를 바라보며, 평소 자식들에게 공부해라, 골고루 먹어라, 나쁜 친구 사귀지 마라 하듯, 강해야 한다. 튼튼해야 한다. 누구 눈치 보질 말고 **'오직 국민만 바라보라'** 하며, 진심어린 고언을 하게 된다.

김정은도 미사일 발사 실험 현장에서 **"강력한 힘에 의해서만 평화와 안전이 보장 된다."**고 했다.
북한 주민의 민심을 다독이고 북한 체제유지의 최 일선에 있는 군부집단의 결기를 치켜세우기 위해서 발사 현장을 공개하며 비장한 각오를 다지는 것이다.

그런데 우리 군대에게 **"남북 평화를 지키는 것은 군사력이 아닌 대화"**라고 말하면, 강력한 군사력을 앞세우는 적과의 대치 현장에서 시작부터 모든 게 뒤틀려 버린다.

군대를 어떻게든 짓눌러서 '깨갱' 소리를 들어야만 직성이 풀리는 부류가 이 엄혹한 한반도 안보환경 속에서 같이 살아가고 있다.

국방부장관을 비롯한 군 수뇌부가 의젓하고, 당차고, 뼈있는 발언을 하는 것을 몹시 두려워하는 부류가 같이 살아가고 있다.

겉으로는 막강한 군대, 철통같은 국가수호 의지를 부르짖으면서 안으로는 병약하고, 여리 여리하고, 말 잘 듣는 순둥이 물 군대로 만들어 지는 것을 그냥 지켜보고만 있다.

상관은 하부조직의 과오에 대해 책임만 따져 묻고, 조직의 잘 잘 못에 대해 다독여 함께 하자는데 믿음과 의지를 심어주질 못하니 상관 보기를 핫바지로 보고, 군율이 느슨하며, 장병 상호 간에 각자도생하려는 분위기가 팽배해 지려 한다.

과거와 같이 군대시절 전우가 평생전우가 되고, 가슴을 터놓는

막역한 관계가 형성 되든 것이 언젠가부터 날 날이 점점 희미해져
간다.

이런 분위기를 부추기고 즐기며 군대를 물렁하게 만들어 순한 양
떼 몰이로 몰아서, 있으나 마나 하는 우스꽝스런 집단으로 만들려
는 시도가 일반 시민들의 눈에도 비친다는데. 제발 잘못 보았기를
진심으로 바란다.

동맹 간에 연합훈련을 못하게 하고, 군사력 건설 계획을 줄줄이
연기 또는 무산시키고, 대부대 기동훈련을 취소시키고, 전시작전
통제권 환수를 쫓기 듯 추진하고 있고, 병력 감축과 복무기간 단축
을 일사천리로 추진하면서, 이름도 생소한 민간단체가 군대를 출
입해 휘젓고 있다. 장병의 부모가 SNS로 병영복무활동에 관여하는
난센스가 벌어지고 있다.

국가가 허물어지는 것은 한 순간이다.

이 순간을 용납하지 못하는 것이 군대이고 이 군대의 근간이 '직
업군인'이다.
직업군인의 **'상무(尙武) 직업정신'**마저 무너지는 순간 국가
의 운명은 끝이다.

'평화'니 '대화'니 하는 것은 군대에게는 마지막 파편 같은 수단일 뿐이고 굳이 염두에 둘 필요가 없는 용어들이다.

오직 군사력을 건설하고 이에 걸맞은 전술 전기를 연마하여 체득함으로써 '항재전장'의 대비태세를 갖추는 것이 군대의 본분이다.

이걸 진두지휘해야 할 사람이 바로 국방부장관이고 군의 수뇌부(필자는 4성 장군 이상을 수뇌부로 보고 있다.)들이다.

그럼, 군 수뇌부는 복무의 초점을 어디에 맞춰져 있어야 하나?

"좌고우면할 필요도 없이 군사력을 어디에 집중해야 하는지, 나(장수)를 위해 모든 정열을 다 바치고 있는 이들(장병)을 위해 언제이 한 몸을 불사를 것인지!" 여기에만 집중하면, 부하로부터 존경과 국민으로부터의 신뢰는 그냥 따라오게 되어있다.

그 비방은, 손자병법이나 육도삼략, 군사교범의 여기저기에 담겨 있는 것으로써 평소에 군 수뇌부의 가슴 한편에 고이 간직되어 있다. 즉, 군대 내에서는 더 이상 오를 수 없는 직위에 당도해 있으니 '더 이상 **'욕심'**만 내지 않으면 모든 게 해결 된다.' **'욕심', '욕심', 이 '욕심'**이 모든 걸 망치게 된다.

어떻게 하면 됩니까? 고민할 이유가 없지 않은가. 정치인과 언론의 물음에 당황할 이유도 없지 않은가. '**정도(正道)**'는 이미 나와 있고, 답은 너무나 빤한데 '**욕심**'이란 게 머리와 가슴을 짓누르고 있으니 어영부영하게 되고, 버벅 댈 수밖에 없어 충용(忠勇)스런 60만 대군의 자존심을 혼자서 다 구기게 되는 것이다.

한 번 멋있게 해 봐라,

군사(軍史)에 남을 장수로써 남고 싶지 않은가?

그냥 쫄 다가 온갖 수모 다 겪으면서, 타의 작용으로 물러나 그 이름조차 희미해지는 쫄 장군으로 기록되지 않길 바란다.

하위 조직 또는 부하가 잘못했을 때 처벌 주는 것으로 소임을 다 하려 하는 것, 이건 최하급 지휘관도 할 수 있는 저급의 지휘 수단 이다. **군 수뇌부 쯤 되면 통 째로 책임을 지고 훌훌 털고 일어나는 '태산 같은 기개'를 보이는 것이다.**

군대가 물렁물렁해 지는 것은 바로 여러분 군 수뇌부에 달려 있다.

말은 하지 않고 있어도 부하 장병들은 뚫어지게 수뇌부를 바라보고 있다. '**보는 게 아는 것이라고**' 이 시대 장수의 슬픈 사연으로 끝 나면 그만인데, 안타깝게도 이들이 성장하면 용케도 여러분과 똑 같은 행동을 반복하기 때문에 걱정이 된다.

김정은 군사집단의 악정에서 울부짖는 북한 동포를 보기 바란다. 압록강 두만강 얼음 냉골을 헤쳐 당도한 중국에서, 온갖 서러움을 다 겪으며 참고 참아 한국으로 미국으로 유럽으로 이탈한 동포들이 포효하듯 내뱉는 절규를 귀담아 들어야하고, 외국 주재 북한 공관 또는 일터에서 자유의 몸이 된 분들의 얘기에 관심을 가져야 한다.

국가가 중심을 잃었을 때, **'북한군 수뇌부가 맹종정신에 함몰'**되었을 때 발생하는 현상으로써, 결국은 패망의 전조 현상이기 때문이다.

그럼에도 불구하고 김정은 군사집단은, 줄기차게 '위장평화 공세'를 펼치면서 남남갈등과 한미공조와 한일협력관계를 깨트리려는 술책을 전개해 나가고 있다.

이것을 북한식 용어를 빌려 표현하자면, '평화공존전술'이고 **통일전선전술**'이다.

"참고로 **'평화공존전술'**은 구소련의 스탈린과 후르시쵸프, 중국의 모택동이 공산당이 어려움에 처해 있을 때, 자본주의국가와 강화(講和)를 통해서 위기를 모면했던 위장평화 술책이다.
   '통일전선전술'은 **'평화공존전술'**과 근본은 같으면서 김일성이
   한반도 정서에 맞게 변혁시킨 것으로써 '반미와 반일'을 강력하게

추진하면서 우리 **'민족 끼리'**를 앞세우고 **'연방제 통일'**을 주창하고 있다."

김정은과 함께 나타난 그 일행 김여정, 이설주, 현송월이 아주 환하고 밝은 표정, 부드러운 대화와 제스처, 그러다가 애처롭고 슬픈 표정을 짓기도 하면서, 민족의 염원인 우리 끼리 자주평화 통일을 앞세우며 다가서는 위선자들의 위장평화 공세를 청소년, 일반 시민들은 속속들이 알아차리지 못한다. 벌써 대학생과 젊은이들 중에 김정은의 한국방문 환영 단을 구성하고 광장에서 퍼포먼스를 연출하는 것을 보면 김정은의 위장평화 공세가 깊숙이 침투해 있다는 것을 알 수 있고, 저들의 통일전선전술이 완성단계에 접어들고 있다는 우려를 지울 수가 없다.

문제는 이렇게 시작된다.

북한이 변한 것은 아무 것도 없는데 김정은, 이설주가 짝을 지어 움직이는 모습이 신선하다하여 북한 사회에 무슨 큰 변화의 바람이 불고 있는 것으로 호도함으로써, 그게 아니다하며 바른 소리를 하는 사람이나 집단에게 전쟁이 일어나길 바라는 **'전쟁 미치광이' '꼴통, 꼰대'**로 몰아붙여서 우리 사회를 **'전쟁이냐 평화냐'** 이분법으로 갈라 치고 있다.

우리 국민 100%가 전쟁 없는 평화를 원하고 있다. 다만 아무런 변화를 추구하지 않고 있는 북한에게 더 이상 속지 말자는 말까지 듣기 싫다하면 이건 문제가 있는 것이다.

우리 속담에 '**신선놀음에 도끼자루 썩는 줄 모른다.**'는 말이 있듯이 잘 나갈 때 단단히 준비하자는 당부의 말이다.

여기에 선봉장으로 직업군인 집단이 한 몫을 해야 한다. 이미 예비역 직업군인 집단에서는 다양한 목소리를 내고 있어서 겉으로 표현을 하지 못하는 일반 시민들은 다소나마 안도감을 갖게 될 것이다. 또 한편 북한 김정은 군사집단, 이에 동조하는 동조세력들에게 경고의 의미도 담겨져 있지만, 이를 때일수록, 특별히 현역 직업군인 집단에게 정신 줄 놓지 말라는 주의의 함의도 포함되어 있다.

"북한의 '평화공존전술'에 동조하는 사람이나 단체에게 준엄한 경고를 함으로써 이 단원의 끝을 맺으려 한다."

이들은 우리 사회가 북한식 사회주의체제로 통일이 되면 그때 좋은 세월을 맞을 것으로 착각을 하고 있다.

천만의 말씀이다.

현재 북한 주류들은 북한식 통일에 남조선 내 동조세력을 높이 평가하고 응원하면서 남남 갈등을 조장하도록 하여 통일 후 남조선의 북한 화 운동에 적극 활용하려하고 그 길에 **'인민영웅'**으로 칭송하려 하지만, 결론은 반대 현상이 벌어진다.

"북한식 '조선민주주의 인민공화국'에는 남조선에서 자본주의 시장경제의 정서가 몸에 밴 사람들이 필요가 없다." 즉 통일 후 얼마 지나지 않아 모두 숙청대상 1호가 된다는 사실을 알아야 한다.

1948년 9월 9일 김일성이 북한 정권을 수립 후, 당시 남로당 출신 박헌영과 김원봉 등을 최대한 활용하고 북한 정권 핵심 직위에 보직을 주었고, **'1950년 6월 25일 한국전쟁'**을 일으킨 후 북한으로 돌아가서 모두 숙청해 버렸다. 이런 이름난 사람 외에도 대부분의 남조선 출신들은 모두 탄광이나 변방으로 축출되어 비참한 삶을 살아가야만 했다.

지금 한국사회를 요란스럽게 만드는 주요 핵심 부류들은 주로 자본주의 시장경제하의 무한 경쟁체제에서 소외되었거나 주류에 들지 못해 반감을 가지고 있는 사람들이 많다.

이들의 말로는 빤히 바라보이며 비참해 질 수밖에 없다.

자유민주주의 체제로 통일이 된 후 어느 날, 북한 김정은의 캐비

닛에 간직되어 있는 **'남한 내 북한 동조자 명단'**이 공개되는 날에는 과거 일제 36년 친일 잔재 보다 더 무거운 짐을 져야만 한다.

한국전쟁 후 70여 년 또는 그 이상 기간 동안 북한 동조자로써 횡행했던 역사들이 그와 그 가족은 물론이고, 그 후세들은 영문도 모른 체 큰 상처로 남아 불편한 삶을 살아갈 수가 있다.

한반도가 북한사회주의체제로 통일이 된다는 생각을 털끝만큼도 생각하지 말라 그리고 김정은 군사집단이 영원히 집권하고 있으리라는 생각도 하지 말라, 이미 체제경쟁이 끝난 것은 온 세계가 다 알고 있지 않은가.

"군대는, 직업군인은, 찔러도 피가 나지 않아야 한다."

'욕심을 버리자.' 이 글귀를 휴대폰 초기 화면이나 책상머리에 새겨두라. 틈만 나면 되 뇌이고 되 뇌여라, '충성' 이 단어보다 더 섬기고 섬겨라. 그러면 절대 실패한 **'직업군인'**이 되질 않는다.

가끔 '성취 욕구'와 '욕심'을 혼동하는 경우가 있는데, 들 된 사람들이 자기 합리화 수단으로 이용하고 있다.

어쩌다 북한식체제로 통일이 된다면,
"청산 1호, 숙청 1호는, 직업군인집단(현역, 예비역)"이 될 수 있다.
따라서 자의든 타의든 그대들은 **'절대 물렁물렁해 지면 안 된다.'** 국가와 민족의 최후 보루이기 때문이다.

군대 내 사건·사고 줄일 수 있다.

지휘관(중대장〈급〉 이상, 격·오지 독립초소 장 포함)의 **'심리적 상태'**는 병영관리에서 항상 최상의 상태에 두어야 한다.

일반적으로, 일단 지휘관 보직을 받은 사람은 차 또는 차차 상위급 지휘관이 보았을 때 기본적인 자질에 문제가 없는 것으로 평가하고 있다.

그러나 보직을 받은 후, 시간이 경과하다보면 다양한 문제점들이 나타나기 시작한다.

휘하 조직원의 문제(일탈, 사망, 부상 등), 각종 물자, 장비, 무기 및 탄약에 관한 문제, 예산 집행에 관한 문제, 사생활 문제, 대민관계 문제, 안전 및 우발적인 상황 발생, 천재지변, 부대 고유의 임무 및 기능 수행을 위한 훈련과 관련된 문제, 북한의 도발 또는 접전, 귀순과정에 전개된 상황 등, 이들 모두는 순조롭게 극복될 수도 있고, 부득이 군법에 회부되거나, 상급 지휘관에 의한 선처와 배려

등으로 오르막과 내리막을 반복하며 소임을 수행하게 된다. 마치 곡마단의 곡예사의 삶과 같기도 하고 수도자의 길을 걷고 있는 것처럼 별천지의 인생 파노라마가 펼쳐지기도 한다.

여하튼 이 과정에서 발생하는 각종 사건, 사고는 이유 여하를 막론하고 지휘관의 책임이고 이로 인한 부대사기의 추락과 지휘관의 불안한 심리 상태는 사건, 사고를 연이어 발생하게 할 수도 있고 전화위복의 기회로 반등의 변곡점이 되기도 한다.

위 상황들을 상상 했거나, 예상 했다면 미연에 방지할 수도 있었겠지만 대부분 불시에 닥치는 것들이라 어려움이 있다.

어쨌든 그 사건, 사고로 말미암아 사고 난 부대는 알게 모르게 위축이 되고 매사에 소심해 지게 된다.

일반적인 해결 방법으로써

이를 조기에 수습하기 위한 가장 좋은 방법은,

- 상급 지휘관의 확실하고 진정성이 담긴 다독임이고, 이를 기대하기 힘들다면
- 해당 지휘관의 코미디언과 같은 절묘한 **'유체이탈 기법(자신과 직접적으로 연관된 사건이나 사고, 이야기를 남의 이야기 하듯이 말하는 화법)'** 즉, 언제 사건, 사고가 일어났느냐는 듯이 표

정과 언행을 짧은 순간 180도 돌변시키는 것이다. 쉽지 않지만 한 번 시도를 해 보면 효과 만점의 분위기를 감지하게 된다.

보다 쉽게 표현하자면, 속은 시리지만 '대범'해 지라는 뜻이다.

이런 것을 못하는 지휘관은 부대가 늘 축 처지거나 언제 어디서 무슨 일이 또 일어 날 것 같은 음산한 분위기가 감돌게 된다. 어려운 가운데도 불구하고 **'유체이탈 기법'**을 적용해 보면 놀라울 정도로 부대 분위기가 달라지는 것을 피부로 느낄 수 있다. 어떤 부하 장병들은 '우리 지휘관 미친 것 아냐!'라고 수근 댈 정도로 놀라운 광경을 바라볼 수 있다.

삽시간에 표정을 돌변 시킬 수 있다는 것, 가끔 집에서 거울 보며 연습도 해봐야 한다. 지휘관이기 때문에 무슨 짓이라도 해야 하고, 그렇기 때문에 지휘관이 어려운 것이다. 이런 과정을 거치면서 큰 인물이 탄생하는 것, 군사(軍史) 또는 역사에서 흔히 발견할 수 있다.

2차 세계대전을 일으켰고, 패장이 된 히틀러도 1차 세계대전에서 패해 만신창이가 된 독일을 다시 일으켜 세우는데 이 기법을 적용했다. 태조 왕건의 건국도, 이순신장군의 국난 극복도, 미국 링컨의 남북전쟁 승리에도 이 기법을 적용했으며, 이승만, 박정희 대통령도 적재적소에서 이 기법을 동원해서 건국과 국난 극복, 한국의 융성 발전에 기여 하였다.

이들의 역사적인 평가에서 호불호에 관계없이 대부분 웅변가 적
이고 대범했으며 대중을 사로잡는 특징이 있다.

군 지휘관이 100% 이들을 닮을 수는 없지만 광의로 해석해서 적
재적소에서 이 기법을 적용해 보았으면 한다.

■ 반면에 '연대급 이상 지휘관'들이 유념해야할 행동이 있다.

• 사사로운 개인감정을 다스리기 위해 불시에 예하 부대를 들이
  닥치는 행동을 하지 말아야 한다. 인정해주고, 칭찬해주고 도
  움 줄 일 없으면 예하부대 방문을 지양하는 것이 좋다.

이들은 주로 병사와 직접 접촉을 하지 않는 직위이지만, 인사 행
정 및 각종 근무지원 권한을 쥐고 있기 때문에 모든 활동에 초점
을, 어떻게 하면 말단 지휘관에게 보탬이 되는 지휘권 행사를 할
것인가에 모든 신경을 쏟아 부어야 한다.

• 별로 도움 줄 일 없고, 개인적인 사(私) 감정 다스릴 요량이라
  면 차라리 부대 인근 산수(山水) 좋은 곳이나 부대와 전혀 무관
  한 곳을 한 바퀴 돌든지, 혼자서 서성이면서 긴 호흡 여러 번
  하고 돌아오는 것이 **'여러 사람 살리는 길'**이라는 것을 명
  심해야 한다.

■ 특별히 '사(여)단장 급 지휘관'이 수행하면 많은 효과를 볼 수 있는 것이 있다.

▶ '주요 사례집'을 만들어 배포하는 것이다.

여기에는 작전지역 내에서 일어난 주요 사례들을 발굴하여 구체적으로 기술하는 것이다. 지역 내 주요 전쟁사, 대 침투 작전 사례, 각종 사건, 사고, 천재지변 등을 먼저 일어난 사례부터 상황도, 요도 등을 포함하여 상세하게 기술한다.

→ 이 책자를 분대장급 이상 전 간부에게 배포하고 그리고 내무반 단위에도 배포하여 모두(간부)가 읽고 또 읽어서 완전히 숙지하게 만들어야 한다. 그리고 수시로 점검을 통해서 숙지 여부를 확인 할 필요가 있다.

실제로 사건, 사고가 난 부대를 살펴보면 미처 잘 몰라서 **'돌다리도 두들겨'** 보질 못한 경우가 비일비재하다.

무조건 다그치는 것이 능사가 아니다.

▶ **'부대 내규'**를 전면 재검토하여 현 시점에서 부대 여건에 부합하는지를 확인한 후, 수정 보완한 다음 연대 급에 하달하고, 연대장들은 또 다시 재검토하여 부대 실정에 맞는 내규를 완성시킨 다음 이 또한 전 간부가 숙지하도록 해야 한다. 통상 3급 비밀 정도로 분류되기 때문에 배포는 할 수 없으나 주요 내용을 대

대장 급에서 교육을 하도록 해야 한다.

통상 지휘관을 하면서 부대 작전계획과 훈련각서 등은 펼쳐 숙지를 하면서 내규를 깜박 잊고 지내는 지휘관들이 많이 있다. 내규에 위배되는 행위로 말미암아 사건 사고가 일어나는 경우가 많이 있고, 특히 사건 사고가 일어났을 때 내규가 현실과 맞지 않아 사건 처리를 못하는 경우가 많이 있다.

'**필자는 감히 힘주어 말한다.**' 지휘관 재임 기간 동안에 부대 내규를 제대로 손질해 보질 못한 지휘관은 천만 요행으로 지휘관을 마친 것이고, 다음 단계 지휘관으로 진출해 보겠다는 꿈을 접어라고 말하고 싶다.

지휘관을 하면서 본인의 지휘 철학을 담아 꿈을 펼칠 수 있는 유일한 법적 제도적 장치를, 활용도 못해 보고 임기가 끝나면 얼마나 불행한 지휘관인가! 안일무사로 끝나지 말고 보다 능동적이고 공세적인 지휘기법을 펼칠 수 있는 요술방망이가 바로 여러분 옆에 놓여 있다.

■ 자! – 이제 가장 쉽게 누구나 할 수 있는 방법을 제시하려 한다.

▶ '**목표**'는, 지휘관의 심기를 편안하게 하여 늘 평상심을 갖게

하는 것이고,

▶ **'주 대상'은,** 대대 급 이하 지휘관과 독립 기지 또는 초소의 장으로 한다.(사건 · 사고의 99% 이상이 이곳에서 발생하고, 병사들과 접촉 및 접촉 유지가 많음)

일반적으로 무엇이 지휘관을 괴롭히고, 부자연스럽게 만드느냐 하면,

불시에 상급 지휘관이 방문 한다든지, 불시에 상급 지휘관을 작전지역 내 어느 야외에서 만나게 되었을 때 어떻게 하면 당황하지 않고 자연스럽게 분위기를 조성해서 대화를 이어 나가느냐 하는 것이다. 즉 이런 준비가 평소에 잘되어 있으면 언제 어디서 무엇을 하고 있어도 심리적 안정 상태를 유지할 수 있고, 그 분위기가 자연스럽게 예하 지휘관이나 참모들에게 부드럽게 전달되어 부대 전체가 선 순환적으로 돌아가게 되어 있다.

'사소한 듯 스쳐지나갈', 이런 것들이 준비 되어 있질 못하면 늘 불안하고 자신이 없고, 쫓기 듯이 생활을 해야만 한다.

▲ 첫째, 행동이 뒤따라야만 하는 것으로써

① 부대 상황실 현황판을 항상 오늘 현재 현황을 유지 관리 하라.
이것만 **'전담하는'** 상황 장교 또는 병사(정, 부 2명)를 고정 임

명하면 된다.

② 부대 위병소를 깨끗하게 단장하고(주변 환경 포함), 위병 근무자의 복장, 자세, 근무기강은 최상의 상태로 유지하라.

③ 야(옥, 영)외 활동하는 장병들은 규정된 복장을 갖추고 상관을 만났을 때 도망가거나 피하지 않도록 한다.(설령, 하급자가 불량한 복장과 자세로 경례를 하더라도 지적하면 안 된다.) 그리고 군가 소리가 부대 영내, 외에 늘 울려 퍼지도록 생활화 하라. 이것은 부대가 살아 숨 쉬고, 생동감이 있다는 증표이다.

④ 휴대용 상황판(늘 정리 된 것)을 만들어(A-3/A-4 용지 두 장 접은 크기 정도) 차량에 또는 수첩 휴대하듯 가까이 두고, 현황판에 기록될 내용은 부대 일반 현황과 금일 할 일, 앞으로 추진 할 일 그리고 상급 지휘관의 주요 관심 사업을 정리 해 두면 된다.

▶ 시대 상황의 변화에 따라 태블릿이나 노트북을 이용해도 용인이 되었으면 한다. 다만, 구입비용 문제가 있으니 무슨 방법을 이용하든 예하 지휘관의 노력을 크게 인정하여 너그럽게 소통이 되었으면 한다.

→ 사실상 위 내용들은 군대 생활에 기본 중에 기본이지만, 실제 들어가 보면 허점투성이 인 곳이 많다.

때문에 위 내용들이 부실한 곳을 방문하게 되면, 다른 것 다 잘

해도 기분이 상하고 신뢰가 가지 않는 경우가 많이 있다.

반면에 기본을 갖춘 곳은 부대 정문을 들어 서는 순간 기분이 좋아지게 되어 있다.

→ 이렇게 잘 준비되어 자신감이 붙으면, 언제 한 번 불시에 방문해 주시면 좋겠는데 … 하고, 은근이 기다리는 마음도 생긴다.

▲ 둘째, 정서적인 것으로써

① 거짓말을 하지 않도록 해두어야 한다.

허위 보고가 이루어지면 모든 결심이 흐트러지기 때문이다. 그런데 이런 현상은 상급 지휘관이 자초하는 경향이 많이 있다. 말로는 허위보고 마라 해 놓고, 결과에 너무 연연해 버리면 모든 게 공염불이 된다. 정확한 근거가 바탕에 깔려 있으면 과감하게 정상을 참작하는 지휘 기법을 적용해야 한다.

필자의 경험을 소개하고자 한다.

첫 번째 경험은, 대대장 보직을 받고 **'열흘 정도'** 되었을 때, 병사 1명이 행방불명이 되었다. GOP 지역이라 여러 상황이 예견되기 때문에 일단 보고를 한 후, 필자가 첫 번째로 접촉한 사람이 바로 그 병사와 가장 가깝게 지낸 병사이다. PX에서 만나 음료수한잔 마시면서 먼저 농담을 건네고 분위기를 조성한 후에 병영생활과정에 있었던 여러 얘기를 들었다. 그 병사는 늘 소심하고 대인 기피 현상이 있었으며 부대 활동에 뒤처지는 모습을 보였다고 한다. 그러나 건강에는 별 문제가 없이 식사 잘하고 내무생활에 적극 참여하려는 노력을 한다고 했다. 요즘 증상으로 표현하자면 조울증 증상을 가지고 있었다고 보면 된다.

당시에는 이걸 환자 취급하지 않고 무조건 끌고 가려는 방법을 썼던 게 사실이다.

금세 판단이 나왔다. 무슨 큰일을 저지를 병사는 아니다.

(개인 보급품은 다 두고 몸만 나간 상태 임) 중대장을 통해 해당 소대가 그동안 있었던 민통선 북방 수색작전 상황을 파악 한 후, 특별한 코스에 집중해서 재수색을 하도록 지시했다.

3일 후, 과거 심마니들이 쳐 놓은 움막에 지쳐 쓸어져 있는 것을 발견했다.

> ▶ 경우에 따라 간부 보다 가장 가까운 동료 병사를 통한 정보 입수가 효과를 볼 수 있고, 간부들은 간혹 거짓말을 하지만 그들은 거짓말을 하지 않는다.

② 일단 저질러진 일에 난리법석을 떨지 마라.

잘 풀릴 일도 그르칠 수 있다. 그리고 사람이 한 없이 추하게 보인다. 아울러 부하들 눈에 비치는 것은 무한 신뢰의 추락으로 반복되면 회복하기 힘들게 된다.

위 사건을 포함해서 여러 건들이 발생 했을 때, 지휘관이 방방 뛰면 모든 게 정상으로 돌아가질 않는다. 아무리 큰 사건, 사고라도 마찬가지 이다.

마음 편할 수 없고, 얼굴 표정 관리하기 힘들지만 앞서 필자가 얘기한 **'유체이탈 기법'**을 이때 한 번 적용해야 한다.

지휘관은 예하 지휘관과 참모에게 해탈한 표정으로 얘기해야 한다. 이를테면,

자. 이제 우리는 조기 수습이 중요하다.

'처벌이나 후폭풍은 내가(지휘관) 책임 질 태니 차분하게 그리고 평소처럼 묵묵히 대처해 나가자.' 그리고 현재 진행 중인 각자의 임무는 계획대로 진행해 나가기 바란다.

이렇게 시작하면 조기 수습은 물론이고, 하급지휘관/자들의 부자연스런 행동으로 인한 연이어지는 사고도 방지할 수 있다.

다시 한 번 필자의 경험 사례를 소개하고자 한다.

위 행방불명 사고가 발생했을 때, 연대장에게 보고하는 과정에서 연대장과의 통화 내용이다.

연대장은, "아! 사단장께서 무어라 얘기 하겠어 **"그 재수 없는 00 하나 와서 이게 무슨 꼴이야!"**라고 말하지 않겠어!" 하며 전화를 밑도 끝도 없이 뚝 끊어 버렸다.

보직 받고 열흘 밖에 되지 않아 모든 게 생소한데 무척 당황스러웠지만 가슴 한 편에 묻어 두었다. 지금까지 아무에게도 말해 보질 않았고 처음 글로 표현해 본다.

후배들의 지휘 통솔 기법에 도움이 되었으면 하는 간절한 바람 때문이다.

두 번째 경험은, 보직 받은 지 한 달 정도 됐을 때 얘기이다.

1개 중대가 거점 선점 중대(점령 시간 단축을 위해 사전 배치) 로 나가 있는 곳을 방문하기 위해 천 여 고지를 넘어 이동 하던 중, 우측 계곡에서 영차영차 하는 소리가 들려서 차를 세웠다.

1개 소대 정도 병력이 밧줄로 무언가 끌어 올리고 있었다. 소대장을 불러 물어보니 **'주목(朱木)나무 뿌리를 캐서 도로로 옮기는 중이라고 한다.'** 누가 시킨 것이냐 하니, 중대장이 연대장 지시를 받고 한 것이라고 한다. 그날 아침 지휘보고에서 중대장은 일상 업무 외에 특별한 것이 없다고 했다.

참고로, 이 주목은 우리나라 천고지 이상 고산지대에서만 자생하는 것으로 살아 천년, 죽어 천년 황금색 빛깔을 띠며 고대에는 이

원목으로 황실 가구를 만들었다하여 천연기념물로 지정되어 있다. 필자는 지금까지 듣도 보도 못했던 내용들이다.

작업을 중단시키고 복귀지시를 한 다음 중대장을 만나 자초지종을 물었다. 평소 연대장 지시를 받아 여러 건을 수행했고, 도로 위로 옮겨 놓으면 연대에서 차가 올라와 가지고 간다고 했다. 필자는 연대장에게 전화해서 앞으로 이런 방법으로 하지 않는 게 좋겠다고 했다. 꼭 필요하다면, 주목의 위치에 깃발을 꽂아 둘 테니 연대본부 병력이 와서 캐갔으면 좋겠다고 했다.

상당히 못마땅해 하며 알았다고 했다.

그 후 복무가 진행되는 동안 연대장과 필자는 공식적인 관계 외에는 사사롭게 더 이상으로 발전되질 못했고, 급기야 큰 일이 벌어지고 말았다. 연대장 관사 병사들이 저녁 늦게 몰래 인근 주점으로 가다가 급커브에서 큰 가로수를 들이받아 3명이 사망하는 일이 생겼다. 상황보고에 운전병, 취사병, 목공병이라는 인적사항이 나왔다. 상급부대에서 목공병에 의문을 가졌다. 연대장실 편제에 목공병이란 게 없기 때문이다.

군단에서 감찰 팀이 편성되어 조사를 했다. 연대장관사에 거대한 목공실이 마련되어 있었고, 주목이 상당수 나왔다.

덩달아 필자의 대대에도 감찰 팀이 닥쳐서 필자의 관사를 비롯해 각종 창고, 부대 주변까지 샅샅이 뒤졌지만 아무 것도 나온 게 없었다.

연대장은 보직 해임이 되었고 새로운 연대장이 취임했다.

새로 부임한 연대장은 후일 군사령관, 장관, 국회의원까지 하신 분이다.

▶ 이분(후임 연대장)과의 일화를 간단하게 소개하는 것이 필자의 본분이요 사명 같아서 지면을 이용하려 한다.

이분이 군사령관을 마지막으로 전역할 당시 필자는 '**민간안보전략연구소 기획실장**'을 하고 있었다.

필자의 생각으로, 저 상태로 저분의 안보 식견과 국가관, 명석한 두뇌를 사장시키는 것은 국가적으로 큰 손실이라는 결론을 내리고, 무언가 보탬이 되도록 해보자는 결심을 했다.

어느 날 전화를 해서 집에 FAX를 하나 설치하고 안보관련 자료들을 보내드리겠다고 했다.
필자의 자비로 설치를 해드리고 용지도 충분히 확보해 드렸다.
당시 필자에게는 최신 안보환경 변화에 따른 자료들이 많이 수집

되고 있었고 사회적으로 많은 전문가들을 알고 있었다.

그리고 한 달에 한 번 필자와 꼭 산행을 같이 하도록 해서 건강도 유지하고 그동안 읽었던 내용 중에 이해에 어려운 것들을 토의하며 즐거운 산행을 했다. 필자는 그 당시에 민간 산악회 회장직을 맡고 있었으며 우리나라 모든 산맥과 웬만한 산을 다 등반을 한 상태였다. 특히 '**백두대간(향로봉~지리산)**' 왕복산행을 완료 했었고, '**태백 정맥(태백산~부산 금정산)**'을 비롯한 우리나라 모든 산맥을 다 완료한 상태였다. 특별히 필자가 전문 영역으로 다루는 전쟁사 분야를 위해 한국전쟁 주요 격전지를 중국 모 인사로부터 접수한 '**중공군의 항미원조전사**'의 주요 내용을 복사해서 휴대하고 모든 전적지를 답사 완료한 상태였다.

군에서 아무리 높은 직위에 있었더라도 전역 후에 6개월 정도만 손 놓고 있으면 오직 군대 경험만 있을 뿐, 국제관계 안보 환경이나 한반도 안보환경에 어두워지면서 '**구식 안보분야 종사자**'가 되고 만다. 안보환경은 시시각각 변화무쌍하게 꿈틀거리는 생물과 같은 것이라서, 부단 없이 접촉하고 연구해야만 감각을 유지할 수 있다.

필자와 깊은 인연이 있고 능력이 출중한 연대장에게 현실 안보전략 전문가로서의 감각을 유지할 수 있도록 만들어 드리고 싶은 욕구가 더욱 솟구쳤다. 그래서 언제라도 국가의 부름이 있을 때, 곧

바로 임무수행이 가능하도록 해 드리고 싶었다.

국내 산행을 함께할 적마다 지친 가운데도 필자의 설명에 반가워
하고 긍정적으로 받아드리는 그 순수함에 대만족을 느끼면서 국내
있는 높은 산을 둘이서 거의 다 완료할 시점에 국방부장관으로 보
직을 받게 되었고, 그 후 국회의원이 되어 대정부 질문 자료가 필
요할 때도 여러 가지 참고 자료를 꾸준히 제공해 드렸다.

**"필자가 생각하기에는 당대 최고의 지략가이고, 전략가이며, 그
리고 지, 덕, 인, 용, 엄, 청렴까지 겸비한 불세출의 장수라고 감히
평가하고 싶은 분이다."**

한 가지 아이러니 한 것은,

이 분이 이렇게 승승장구 하는 동안 필자는 이분으로부터 개인적
인 도움을 받은 게 없다는 점이다.

이분이 대령에서 대장으로 예편하는 동안 필자는 중령에서 중령
으로 끝났고, 이분이 장관이 되고 국회의원이 되는 동안, 필자는
연구소 기획실장에서 그렇게 끝을 맺었다.

다만, 지금 이분이 야인이 되어 있는 동안에도 필자는, 쉼 없이
개인적으로 안보정책연구원을 만들어 안보업무 분야에 종사하면서
집필과 출간을 하고 관련 기관에 안보정책 분야 조언을 하고 있다.

후배들에게 참고가 되기 위해 굳이 이분의 단점을 캐낸다면, 소심하면서도 매사에 진지하여 수행하는 일에 실수가 거의 없다. 그러나 부하들을 보듬고 잘 키우지 않는 단점이 있다. 이 분의 지론은 **'같이 근무하면서 잘 다듬어 놓은 만큼 언제 어디서 누구와 근무하더라도 스스로 잘 커나가기를 바라는 형이다.'**

이분과의 어떤 일화를 소개할까 한다.

▶ 연말에 송년 등산으로 단둘이 설악산을 갔을 때이다.

필자는 평소에 이분이 한 번 더 큰일을 할 수 있다는 자신에 차 있었다. 내일 1월1일 동해바다 해돋이를 설악산 정상에서 맞이하자며 산장에서 1박을 했다. 새벽 일찍 깨워서 정상으로 향했다. 동해 바다가 불그스레하게 비치기 시작했다. 주변은 정적과 일부는 환호를 지르고 있을 때 필자가 **'우리 잠시 소원을 기원 하시지요'**라고 하고 먼 동해바다 일출 광경을 향해 두 눈을 힘껏 꽂았다. 그리고 필자는 나 자신의 소원은 온데간데없이 **"여기 옆에 계시는 이분 000, 한 번 더 국가안보를 위해 큰일을 할 수 있게 해 달라고 기원했다."** 그리고 하산을 하면서 평소 이분의 소심함 보다는 보다 적극적으로 현실에 접근하는 것이 좋겠다는 생각을 늘 하면서 화두를 던졌다. 만약 북한과 국지전이나 또는 확전이 벌어지면 어떻게 하면 좋으냐고 했다.

매뉴얼을 대로 하면 된다고 한다. 백번 맞는 얘기지만 보다 구체적으로 얘기해 보시라고 했다.

머뭇거리더니 저보고 먼저 얘기해 보라고 한다.

필자는 **"초전부터 적극적이고 공세적인 행동이 최상
이다."**

따라서 현장 지휘자(관)가 선 조치하고 후 보고해야만 한다.

보고 때문에 멈칫멈칫 주저주저 하면 골든타임을 다 놓치게 된
다. 그리고 모든 것을 치열하게 한꺼번에 다 쏟아 부어야 한다. 예
를 들어서 접전 현장이 있고, 엄호 (지원)조가 있고, 추가적인 화력
지원 조(육군 해군 공군)가 있다면 이 모두가 한꺼번에 일사분란하
게 집중이 되어야 한다고 했다.

이 또한 **'지금 지원 할까요 말까요'**가 아니라 매뉴얼에 있는 대로
조직적으로 한꺼번에 쏟아 부어야 한다고 했다. 상황이 끝나버리면
추가적인 화력지원은 불가능해 진다. 그 때는 상대도 추가적인 화
력지원이 동원되어 조금 전에 있었던 상황이 아닌 새로운 접전상황
으로 확전이 벌어지게 된다. 물론 확전에 대비는 해야 된다고 했다.

물론 결과에 대한 책임은 현장 지휘관으로부터 국방부 장관까지
져야하지만, 특별히 **'국방부 장관이 모두 본인의 책임임을
먼저 선언해야 한다.'**고 했다.

이런 가상의 상황을 다양하게 염출해서 평소 실전 같은 훈련을
통해 몸에 체득시켜야만 가능하다고 했다.

이게 바로 **'임무 형 교육훈련'**이라고 했으며, 연대장과 대대장 시

절 우리가 수도 없이 훈련하지 않았느냐고 했다.

그 전장 상황 계층에 어느 한 지휘관이라도 주춤해버리면 소기의 전과를 거둘 수 없게 되고 결과에 대한 지휘책임 또한 묘하게 흐를 수 있다고 했다.

당연한데 쉽게 행동으로 옮기기에 그리 쉬운 게 아니라며 상당히 놀라운 발상이라고 했다. 솔직히 자기는 주춤했을 거라면서 한번 다양한 시뮬레이션을 상상해 보겠다고 했다.

특히 장관은, 정치/정무적 판단과 고려가 있어야하기에 어려움 이 예상된다고 했다.

그래서 필자는, 야전 육해공 각급부대가 긴급 상황이 발생하면 **'동시 다발적, 공세적 행동'**을 하는 것을 완벽하게 체득 시켜 놓으면 가능하다고 했다.

이를테면 우리는 그냥 산행이 아니며 그때그때 세상 살면서 또 는 임무(공무) 수행 중 일어날 일을 준비 없이 던져 놓고 토론을 했 다. 육군 대장으로 나왔지만 사회생활에는 맹물이기도 하고, 필자 는 사회생활 20여 년에 나름 다양한 경험과 특히 국가 안보전략 분 야에는 한 시도 손을 놓지 않고 있었기에 대화가 가능했다.

또 한 가지 이분과의 일화가 있다.

▶ 지리산 등산을 했을 때이다.

이 시기가 봄철 산불방지를 위해 입산통제를 했다가 첫 번째 개방 한 날이다. 예상외로 많은 사람들이 몰려들어 준비된 휴게실 공간이 수용 능력을 초과했다. 부득이 사람들을 모로 뉘어서 바깥 찬 공기를 피할 수준으로 만족해야만 했다.

필자는 극복을 할 수 있겠는데 이분의 처지가 난감해졌다.

할 수없이 휴게 소장을 찾아가서 신분을 밝히고 선처를 부탁 했더니 그분을 모시고 바깥으로 나오라고 한다.

잠시 후 새로운 휴게실을 짓기 위해 공사 인부들이 기거하는 공간으로 안내했다. 그날 인부들은 휴식 차 하산을 했고 얼기설기 만든 공간을 이용할 수 있었다. 이튿날 하산을 위해 준비 중인데 휴게소장이 김이 나는 밥상을 들고 들어와 드시라고 하고 나갔다. 정말 감격의 순간이었다. 지금까지 살면서 이러한 격한 감동을 받아본 적이 없었다. 우리 둘은 똑 같은 심정이었고 이분은 어찌할 바를 몰라 하고 있었다.

필자가 식사 값으로 돈을 좀 주고 가자고 했다 당연히 수긍을 했고 찾아가서 남몰래 돈을 건넸더니 한사코, 맹렬히 거절을 했다. 자신도 얼마 전에 현역사병으로 만기 전역을 한 사람으로써 4성 장군께서 이렇게 열악한 환경에서 하루를 묵고 가신 것을 오히려 영광으로 생각한다면서 새 건물이 완성되면 한 번 더 오시라고 인사 했다.

군 생활에서 부닥치는 각종 어려운 난제들을 해결하고 극복하기 위해서는 당자자인 본인의 노력도 중요하고 같이 근무하는 상급자와의 인연도 매우 중요하다. 그 인연의 끈을 어떻게 맺는가 하는 것은 또 원점으로 돌아가서 생각해보면 어떤 행운이 아니라 본인 노력의 결실이다.

필자의 군대 여정을 회상해 보면, 중, 대위 시절 한참 일을 배울 때는, 육사 출신으로 이름만 대면 누구라도 알 수 있는 분에게 호되게 가르침을 받았고 인정도 받았다. 그러나 이분은 시대 흐름의 이상 현상으로 중도에 나가셨고, 소령 시절 역시, 육사 출신 알만한 분에게 가르침을 받았으나 3성 장군으로 또 나가셨다. 그리고 중령 대대장 시절에 괴짜 연대장을 만나 고생했으나 잘 극복한 후, 새로운 연대장(위 거론된 분)과 좋은 인연을 맺고 많은 것을 배웠다.

돌이켜 보면 훌륭한 상관을 만났고, 성실하고 정직하게 그분들의 가르침을 따랐으며 철저하게 이행했더니 그 결과로 '**필자의 20여년 군 생활에서 내 부하의 생명을 단 한 명도 잃지 않았다**'는 큰 자부심과 자랑거리가 생겼다. 그걸 영광스런 훈장으로 여기고 오늘도 국가안보에 매진하며 평생 업으로 여기고 살아가고 있다.

'국방수뇌부'의 올곧은 군인의 길
- '국군통수권자'의 진정성 있는 지원과 더불어 -

이 단원은 필자의 이전 출간 서적 **'한반도 전쟁 무서워하지 마'**에서 한 번 거론된 내용으로써 금 번 출간 하는 서적과 궤를 같이 하는 부분이 많아 일부 전재 인용되고 수정, 보완 하였다.

필자가 제시하는 **'국방수뇌부'**란 현역 및 예비역 국방부장관과 4성 장군을 말한다.

이들은 군대 내에서 오르고 싶어도 더 이상 오를 수 없는 정상에 우뚝 선 장수(將帥)로서 여한이 없는 사람들이다. 이른바 처음 군대에 입문하는 모든 장교들의 로망이기도한 최고위 직이기 때문이다.

다 같이 소위(少尉)라는 출발선에서 박차고 나와 저마다 푸른 꿈을 가지고 한반도 산야를 휘젓고 다니며 생과 사를 넘나드는 고비고비를 헤쳐 지나왔지만 아주 극소수에 출중한 사람들만 저 권좌에 앉게 되어 있다.

와중에 불평불만도 있고, 원망도 하고, 자책도 하지만 그것은 잠시이고 모두 초심으로 돌아가 대한민국의 안녕과 청춘을 받친 군대의 발전, 후배들이 승승장구하기 만을 바란다.

이것은 뼈 속 깊이 새겨져 있는 주홍 글씨, 장교(將校)였었기 때문에 가능한 의식세계이다.

그렇다면 준장(准將)에서 중장(中將) 까지는 어떻게 하자는 것이냐? 필자가 굳이 이렇게 나눈 것은, 준장에서 중장은 아직 무언가 스스로 할 일을 찾아 새로운 영역을 개척해도 좋겠다는 뜻이다. 돈을 많이 벌어도 되고, 또 어떤 자리를 구해서 영역을 구축해도 된다는 의미이다.

그러나 국방 수뇌부는 또 무엇해 보겠다고 구차하게 어디에 기웃기웃 하지 말라는 의미이다. 설령 먹고 살기 힘들어도 할 수 없다.

남은 인생은 모두 군대와 군 후배 그리고 우리사회 소외 계층을 위해 모든 정열을 다 쏟아 붓고 마지막에 숟가락 들 힘이 없을 정도로 풀썩 주저앉고 싶을 때 까지 이 일에만 머물러 있어야 한다.

지금 **'백선엽 장군'**을 롤 모델로 삼으면 된다.

이러하지 못하면, 군대가 제 아무리 개혁을 하고, 변화를 모색한다고 몸부림쳐도 이미 식어버린 민심을 제자리에 돌리기에는 한계가 있다.

4성 장군이 줄줄이 구속되고, 전관예우 때문에, 각종 하자(瑕疵) 때문에, 국방부장관에 보직시킬 사람 찾기에 힘들어 하는, 이제 이런 모습을 떨쳐 내는 일대 일신하는 모습을 보여 주어야 한다.

당나라 시인 조송(曹松 : 830~미상)의 칠언절구(七言絕句) 기해세(己亥歲)의 마지막에 '**일장공성 만골고(一將功成 萬骨枯)**'란 글귀가 있다.

"한 장수의 공명은 수많은 장병들의 희생으로 이루어진 것이다. 따라서 성공에 대한 자만을 스스로 경계하고, 현재의 자신을 지탱해준 많은 사람들의 도움에 감사할 수 있어야 하며, 더 나은 내일을 위하여 타인에 대한 배려를 중시해야 한다."

이는 비단 '국방수뇌부'에게만 해당되는 것이 아니고 준장–중장에 이르는 장성들도 똑 같이 해당되는 얘기이다.

지금 내가 앉아 있는 이 자리 또는 그 전에 경험했던 그 자리가 절대자의 자리가 아닌, 두려움과 책임감으로 범벅이 된

'군대의 머슴, 어떻게든 살아보려고 발버둥 치는 후배들을 위한 salesman'의 자리로구나 라고 인식해야만 한다.

일반사회 타 직종에 비해 특별히 배려 받은 것도 없는데 이제 와서 왜 우리만 가지고 그래! 라고 할 수도 있겠지만

창군 70년이 되었는데도 아직 '**존경하는 군인**' 한사람도 나타나지 못한 것은 개탄할 일이고 군인들 스스로 '최대과업'이라는 생각에서 이 화두를 던지고 있는 것이다.

그래서 필자는 다음과 같은 무거운 짐을 어깨에 걸머지도록 하게 하려고 한다.

여기에는 반드시 '국군통수권자'의 진정성 있는 지원이 뒷받침 되어야만 한다.

첫째, '국방수뇌부'는 salesman이 되자.

둘째, 국방부 내(대통령 직속) 가칭 '제대군인사업관리국'(제대군인 지원청)을 신설하자

셋째, 정치권으로부터 벗어나야 한다.

넷째, 진두지휘, 백의종군의 고품격 멀티플레이어가 되자.

다섯째, 각종 선출직에는 아예 나서지 말아야 한다.

여섯째, 안보전략 전문가 양성에 앞장서자.

일곱째, 원수(元帥) 직을 제정하여, 예비역 '국방수뇌부' 중에서 국민적 존경을 받는 분에게 수여하자.

1) '국방수뇌부'는 salesman이 되자.

무슨 군인답지 않은 소리냐고 의아하게 생각할 수도 있다.

조금만 넓혀 생각을 해 보면, 수많은 군 출신 장병들이 아니, 여러분의 분신들이 아무런 준비 없이 홀연히 세상 밖으로 축출되어 세파에 떠밀려 다니는 모습을 본적 있는가. 스스로 '나는 직업군인으로 있다가 전역 했다.'고 얘기도 못하고, 자랑스러운 계급까지 숨기면서 여기저기 기웃거리는 모습을 본 적이 있는가. 그 누구 하나 따뜻하게 손잡아 주는 이 없는 차가운 도회지를 하루 종일 배회하

다가 힘없이 집으로 돌아가지만 아무도 반겨주지 않는 텅 빈 집안을 서성이는 모습을 본 적이 있는가. 이렇듯 여러분에게 만골고(萬骨枯) 했던 분신들은 군 복무 기간 동안 아무런 재테크 기술도 익히지 못하고 오직 충성하는 길이 나의 길인 줄 알고 외길을 치닫다가 그냥 방치 되어 버렸다.

이제 이들을 손잡아 주어야 한다. 한국 국가안보에 금싸라기 같은 자산들을 이렇게 내팽개쳐 놓고도 무슨 평화니 대화니 하면서 허공에 메아리를 불러일으키는 것은 이 분신들에게는 정처 없는 메아리일 뿐 캄캄한 갱도 막장 저 멀리에서 비치고 있는 희미한 전등 불만도 못하게 여겨지고 있다.

국방수뇌부가 나서서 이들을 구해 주어야 한다. 가시적으로 손에 잡히는 것이어야만 한다. 그래야만 군대도 살고, 국가도 살고, 우리 사회도 밝아지게 된다.

무척 힘들겠지만 한번 나서서 해 보기바라면서 다음과 같이 제기를 한다.

① ROTC, 학군사관, 그 외 장교, 부사관 출신 중, 취업을 희망하는 사람들을 100% 취업 시켜야 한다.

경제부총리와 기업 CEO 그리고 국외 기업 CEO들 까지 부지런히 만나서 이들의 취업을 부탁하고, 많은 장점들을 부각시켜서 전역 6개월 전에 각 기업들로부터 추천을 받고, 각 대학에서 전공 또는 군복무기간 체득한 군사특기에 맞는 직위에 복무기간, 근무성적을 기준으로해서 추천하는 방식을 활용했으면 한다.

그 동안 군의 간부로 근무하면서 체득한 책임감, 인성, 지도력, 친화력, 협동심, 조직에 대한 애착심과 의리 그리고 사명감은 군복무를 필하지 않은 사람들과는 비교 그 자체가 불가능한 우수한 고급 인재들을 앞장서서 안전하게 사회로 진출할 수 있도록 안내해야 한다.

이미 과거 80년대에 성공한 모델이기 때문에 각 기업들도 향수가 있고 도움을 받았던 잔영이 기업 곳곳에 남아 있을 것이다.

'인재가 재화를 낳는 시대' 이기 때문에 군복무를 통해 한번 검정받은 인재를 받아 드릴 수 있다면 기업과 군, 개인이 윈윈윈 하는 일거삼득의 기회가 될 것으로 확신한다.

개인이 발로 뛰어 다니며 축구공 차 듯 했던 취업의 문을 '국방수뇌부'가 공동으로 나서서 스크럼을 짜면 반드시 트라이(try)를 할 수 있다.

물론 지금 이 시대가 묘하게 흘러서 군 출신의 말이 씨가 먹히지 않고 있음을 알고 있다. 그러나 **'군 수뇌부 모임'**을 만들고 **'활동 가치 기준'**을 만들어 조금씩 홍보하며 전면에 나서면서 겸손하게 접근해 들어가면 만날 수 있고 대화의 물꼬를 틀 수 있으며 가시적인 성과가 조금씩 나타날 수 있다.

"관건은 스스로 겸연쩍어 하지 말고, 안락함에 취하

지 말고, 자신들을 조금 낮 출 수 있느냐 하는 것이다.
내 자식 하나 살린다는 생각이면 된다.”

② 전역하는 병사들에 대하여 실질적 도움 되는 직업 알선과 취업에 도움을 주자

우리 병사들이 각급 부대 단위로 전역 신고를 마치고 부대 정문을 나간 시점부터 나 몰라라 했던 풍조는 이제 끝을 내어야 한다.

이들은 국가안보 차원이라는 미명아래 또 향토예비군에 편입이 되어 일부는 지역방위, 일부는 동원예비군으로 소정의 기간 동안 소집되어 훈련을 받게 된다.

대한민국이 이 처럼 성장 발전되고 잘 유지되는 이면에는 이러한 반복되는 **‘안보 적응기간’**에도 아무 불평불만 없이 주어진 임무를 순순히 수용하는 자랑스러운 청년들이 있었기에 가능 했던 것이다.

이제 이들 군복무를 마친 고마운 청년들에게 국가가 나서서 그들이 나아갈 길을 같이 고민하면서 열어 줄 필요가 있다.

전역 후 최소한 단 한번 정도는 향토예비군에 편성 되듯 법적인 뒷받침으로 사회 적응과 동화를 하는데 길을 안내해 주어야 한다. 혼자서 모질고 외진 길을 걷느라 동분서주 하지 않도록 손잡아 주면 이들은 백배, 천배 **‘안보 공감대’**라는 무형전력으로서 보답을 하게 될 것이다.

이 제도가 완성이 된다면 또 다른 곳에서 예상치 못한 열매가 맺게 된다. 지금 일어나고 있는 군 관련 각종 사건 사고에 70% 이상을 예방할 수 있는 **'신의 묘약'**이 발견 될 수 있다. 즉 전역 후 복학을 한다든지, 자동적으로 직장 복귀가 확정되어 있다든지(공무원, 은행 등), 농, 수, 축산, 상업 등 가업을 이어 간다든지 하는 사람들은 제외하고 순수하게 취업을 희망하는 병사들은 입대 시부터 희망 직종을 파악해서 관리하고 군복무 성적과 연계해서 전역과 동시에 알선해 주는 제도이다.

이 창구는 국방부가 주도해서 국가보훈처와 재향군인회, 근로복지공단 등의 창구를 확정해 유기적으로 협조하는 데이터베이스를 구축하고 특별 관리하는 종합시스템을 갖추어야 한다.

이를 위해 '국방수뇌부'가 전역 장교들의 취업 알선과 같은 방법으로 활동을 하면 장병들은 군대를 믿고, 기업 역시 군대를 믿어 쌍방에서 신뢰가 구축되는 소기의 성과를 거둘 수 있다.

③ 우수한 안보전략 전문가 양성에 앞장서자

보다 구체적인 내용은 뒤에서 한 번 더 설명하기로 하고 여기에서는 개략적인 내용만 제시하려고 한다.

군 위탁교육과정을 통해 박사학위를 수여 받고, 군 복무를 통해 대대장급 이상 직무와 정책부서 참모직을 이수한 고급 정예자원들이 더 이상 진출을 못하고 중령, 또는 소령 계급으로 전역을 하게 된다. 이들은 무방비 상태로 사회로 나앉게 되고, 그동안 쌓은 전공은 모두 사장되어 많은 재원을 투자한 보람이 물거품처럼 사라지고 이들은 군에 대한 원망과 소진된 청춘에 대한 회한을 가지고 전혀 다른 세상에서 살아가게 된다. 이들을 일으켜 세워야만 군대가 생동감을 되찾을 수 있다. 10대 기업에 안보관련 연구소 설치를 부탁하고, 국고보조금을 받는 민간안보연구소를 다수 설립해서 정예 자원들의 두뇌가 녹슬지 않도록 뒷받침 해 주면, 이들은 국방부나 군 관련 기관, 방위사업 주체들이 미쳐 손 쓸 수 없는 대 언론, 대국민 홍보와 각종 정책 시행 전에 '사전 프레이'를 함으로써 정책 누수와 시행착오를 줄일 수 있다. 아까운 인재들이 허허벌판에 그냥 내버려지지 않도록 '국방수뇌부'가 한시바삐 나서 주어야 한다.

2) 국방부 내(대통령 직속) 가칭 '제대군인사업관리국 또는 제대 군인 지원청'을 신설하자.

위 1)을 체계적이고 효율적으로 완성 시키고자 하는 수단이다. 말로만 하고, 업적을 따지지도 않고, 그 결과에 대한 심사분석도 하지 않으면 언젠가 유명무실 해 질수가 있다. 처음부터 확실하게 다잡아 나가야만 하는 시대가 요구하는 가장 절실한 사업이기에 더욱 그러하다.

이 사업의 진행 과정은, 은밀히 따지자면 국방부 소관이 아닐 수 있다. 현재 국가보훈처가 이 사업을 추진하고 있으나 홍보도 부실하고, 접근하는 과정 또한 난해하고, 다른 업무에 치여 성과는 아주 미약하다.

그래서 초기 단계, 군 입대 시부터 사병 병적카드에 희망 직종을 명문화해서 시작을 하고, 군 복무 기간 평가를 한 다음 '국방수뇌부'는 유관 기관과 소요 창출을 위한 활동을 해서, 병사들이 갈 길을 모색해 전역을 시키면, 그 때부터 국가보훈처와 재향군인회가 후속 관리를 하도록 하는 것이다.

'한번 맺은 인연 소중한 결실로 승화시킨다.'는 신조로 이를 슬로건(slogan)으로 내세워 조직적, 봉사적으로 임무를 수행하면, 병사들은 군복무가 그냥 허송세월로 지낸 공백기가 아니라 사나이 인생에 중요한 전환점으로서 이곳이 **'나의 제2의 고향'**이라는 설레는 장소로 여기게 되고 그 곳이 전후방 어디이든 두고두고 기억 되게 될 것이다.

대한민국 국민 정서가 사소한 일들로 요동치지 않고, 위기에서 의연하게 대처해 나갈 수 있도록 하는 길은, 유일하게 군대에서만 할 수 있는 독특한 사업이다.

한 자녀에 올인 하는 세태에서 학교에 맡겨서도 될 일이 아니고, 삶이 바쁜 가정에 맡겨서도 될 수 없는 일이기에 군이 나서서 해 봄 직한 반짝이는 사업이다.

법적인 뒷받침이 필요하고, 전역 장병들의 처우 문제에 관한 사업이기 때문에 정치권에서도 모두 별다른 이의 없이 적극적으로 참여하게 될 것이다.

3) 정치권으로부터 벗어나야 한다.

삼권 분립의 의회민주주의 국가에서 무척 처신하기 어려운 문제이다. 더구나 '국방수뇌부'는 더더욱 정치권의 견제 대상이 된다.

'대상'은 대상일 뿐이고, 필자가 자주 강조하고 있는 **'국가안보 정론(正論) 생산지는 국방부'**라고 하는 말은,

군대는 국민의 군대인 만큼 국민에게 유익하고, 군 본연의 임무에 어긋나지 않으면서 어떤 정파의 이익에도 휩쓸리지 말아야 한다. 그야말로 정치적 중립 의지를 분명히 해야만 하는 것이다.

미국의 경우, 민주당과 공화당이 번갈아 정권을 잡아도 국가안보 개념과 국방수뇌부의 입지가 요동치질 않는다.

이것이 오늘날 국제사회에서 최강의 국력과 군사력을 유지하게 하면서 국제경찰로서의 역할을 훌륭하게 해 낼 수 있게 하는 원동력이 된 것이다.

과거 노무현 정부 시절, '전시작전통제권'을 환수할 당시에

'국방수뇌부'가 보여준 모습은 실망을 넘어 군대에 무한한 신뢰를 보였던 국민에게 한줄기 희망을 앗아가 버리는 대 사건이 벌어지게 되었다.

군복무를 하고 있는 초급장교 수준만 되면, 지금 '전시작전통제권'을 환수해야할 한가한 시간대가 아니라는 것을 알 수 있는데도 불구하고 당시 국방수뇌부는 정권이 하자는 데로 하고 말았다. 더욱 놀라운 것은 우리의 재래식 군사력이 북한 보다 우세하다는 동영

상을 제작하여 널리 배포하고 여론을 조성하는데도 앞장을 섰다.

이로 인해 그 다음 이명박, 박근혜 정부는 환수 시기 연장을 위해 때만 되면 미국에 혀 굳은 아쉬운 소리를 해야 했고, 여기에 쏟아 붓는 에너지 낭비는 상상을 초월 한다.

그냥 보기에는 양국 정상회담을 통해 자연스럽게 이루어지는듯 하지만 물밑 실무회담 간 신경전은 여간 고통스러운 일이 아니다. 미군 주둔비용 분담 비율도 미국에 유리하게 조정해 주어야 할 것이고, 그 외 SOFA 개정 문제도 난이도에 차이를 주어야 하는 등 전 정부의 통찰력을 상실한 국가안보에 난맥은 이렇게 두고두고 속을 썩이고 국정운영에 부담으로 남게 된다.

필자가 안타깝게 생각하는 것은 여기에 앞장선 이가 바로 '국방수뇌부'라는데 부끄러워 몸 둘 바를 모르겠다.

당시 노무현 대통령이 전시작전통제권을 환수해야 한다고 했을 때, 당시 '국방수뇌부' 중 누구 한사람이라도 NO라고 답한 후 사표(전역지원서)를 내고, 군문을 떠나는 용기가 있었어야만 했다. 만약 그때 그런 수뇌부가 있었다면 지금 쯤 영웅이 되어 있을 것이고 무한 칭송을 받으며 새로운 자리에서 큰 역할을 하고 있을 것이다. '난세에 영웅이 난다.'고 했는데 그 시절 난세를 타파할 절호의 기회를 당시 졸장 '국방수뇌부'는 놓치고 말았다.

"국내 최초 〈원수 직 칭호〉를 받을 수 있는 절호의 기회를 스스로 발로 걷어차고 말았다."

이렇게 앞뒤를 재는데 수가 능통한 관계로 전반적인 군부의 흐름은 판판이 기회를 놓치게 되고, 절묘하게 시류에 편승하고 있다. 국회 국방위 답변이나 대언론 관계에서는 중언부언하고 버벅거리고, 뼈도 없어 보이며, 눈빛이 살아 있는 군인을 찾아보기 힘들다. '국방수뇌부' 쯤 되었으면 좌고우면할 군번은 이미 지나버렸지 않은가. 초연하면서 대범하고, 부하의 과오를 한 몸으로 쓸어 담고 미소 지으며 **'모두 다 내 책임이오, 여러분들은 모두 제자리에서 본연의 임무에 충실하시오.'** 할 줄 아는 보다 통 크고 담대한 국군 통솔력을 발휘 했으면 한다.

국군통수권자인 대통령을 제외하고 무섭고 두렵고, 겁날 대상이 누가 있는가. 국민과 60만 대군을 믿고 보다 소신 있는 처신을 했으면 한다. 그러다 싫다 하면, 그것이 중론이라면, 옷 벗고 나와 버리면 되는 것이지 비굴하게 굴면서 타협 하지 말아야 국군이 살아남게 된다.

필자가 회고하는 두 가지 예를 들어 보려고 한다.

첫 번째, 노무현 정부시절, 전시작전통제권환수 문제가 한참 이슈가 될 적에 성우회, 재향군인회 등에서 예비역 장군들이 반대 집회와 성명을 발표한 적이 있다. 이때 노 대통령은

'장군들이 별 달고 거들먹거리기만 했지 그동안 한 것이 무엇 있느냐, 미국 바지만 잡고 형님 좀 봐 주세요만 했지 않느냐'고 했다.

한 여름 노구를 이끌고 나온 예비역 장군들을 형편없게 몰아치는 모습을 보고, 필자는 이게 아니다. 무언가 보탬이 되도록 미력이나마 기여해야만 되겠다고 생각해서

'월간조선과 인터넷신문 '브레이크 뉴스'에 다음과 같은 글을 실었다. 그 중 일부분이다.

– 군대란 전쟁을 대비하기 위해 국민들이 만들어 놓은 조직으로서 국민으로부터 사랑과 신뢰를 받지 못하면 그 존립 기반이 흔들리게 되어 있다. '믿는 도끼에 발을 찍힌다.' 드니 군을 가장 아끼고 신뢰를 보내야 할 집단에서 자기네들이 추진하는 방향에 다른 의사를 표명 했다고 해서 일방적으로 '일언다사(상)'의 흉탄을 쏟아 부어 버리니 갑작스럽게 오만가지 생각이 교차가 되었다.

지금으로부터 900여 년 전 고려 의종24년(1170년) '무신의 난'

그 때 무신들은 학식과 덕망이 문신에 미치지 못하고 오직 우국충정심만 가득 했었지만 지금의 무신들은 문신에 비해 조금도 뒤지지 않는 학식과 덕망, 그기에 더해 우국충정 심 까지 갖추고 있다. –

예비역 장군들이 나선 것은 현역들이 나 설 수 없기에 대신 나 선 것으로서, 군대를 우습게보지 말라는 뜻으로 이 글을 실었다.

두 번째, 노 대통령이 방북 했을 당시 수행요원들이 도열해 있는 앞을 김정일이 지나가면서 악수를 하는 장면이 있었다.

김만복 국정원장은 김정일 앞에서 90도 허리 굽혀 예를 표했고
바로 옆 김장수 국방부장관은 꼿꼿하게 서서 악수를 했다. 그때 그
장면을 언론은 확대해서 '적장 앞에서의 꼿꼿 장수'로 대서특필하
면서 일약 스타덤에 올려놓았다.

당사자의 어떤 업무능력, 소신, 자질까지 모두 과대 포장되어

노무현, 이명박, 박근혜 정부에 이르기까지 3대에 걸쳐 '국방수
뇌부'로서 중책을 담당했다. 재임기간이 긴 경우는 다른 장관도 있
지만 3대에 걸친 경우는 전무후무할 것 같다.

김장수 국방부장관 시절에 '전시작전통제권'이 환수되었다.

(협정 시작은 전임자 시절임) 이는 군 역사상 최악의 군사협정을
성사시킨 당사자로서 군사(軍史)에 영원히 크게 기록이 될 것이다.

다시 앞으로 돌아가서, **'꼿꼿 장수'**에 관한 얘기이다.

장교양성 과정이나 병사들의 신병교육에서 악수를 할 경우에 하
급자의 기본자세는 누구에게나 절대 허리를 굽히지 않도록 되어 있
다. 각 사관학교 임관식에서도 졸업하는 생도들이 대통령 앞에서
도 허리를 굽히지 않는다.

이렇게 40여 년 간 몸에 밴 김장수 국방부 장관이 적장 앞이라고
허리를 굽히지 않은 것은 그 동안 체득된 것이며 군인이라면 누구
나 하는 기본자세인 것이다. 이를 그의 **광주일고 동기인 조선일보
주필 강천석이 최초로 '꼿꼿'으로 묘사해 주고(2013.3.21 뉴데일리**

박성현 칼럼), 당시 정부 친화적 언론들이 대서특필함으로서 한 인간 본래의 그릇에 걸맞게 과대평가되어 조심조심 돌다리 두들기며 일신에 영화를 누리고 있다. 진즉 그의 제2의 고향 군대와 그에게 만골고(萬骨枯) 했던 분신들에게는 아무것도 해 주지 못하면서 혼자만 독야청청 하고 있었다.

4) 진두지휘, 백의종군의 고품격 멀티플레이어가 되자.

'국방수뇌부', 산전수전 다 겪고 이제 더 이상 격랑은 허락하지 않을 초인간적인 경지에 도달한 장수(將帥)이다.

우리는 그대들을 그렇게 부르고 싶다.

그런데 일부는 자꾸만 멀리멀리 도망치고, 회피하고 스스로 입지를 초라하게 만들고 있다.

하지만 어떤 정치인과 공직자가 그대들만큼 한 분야에 정통하고, 40여 성상(星霜)을 수도승 마냥 오직 국가와 민족을 위해 몸 받친 사람이 있겠는가. 이른바 입신의 경지에 이른 그대들이지만 아직 춥기도 하고, 배도 고프고 현실의 벽에 부닥칠 때, 심신이 마냥 초라해 져 그냥 풀썩 주저앉고 싶을 때가 분명 있으리라고 생각한다.

'현실의 벽', 이는 처음 푸른 제복을 입을 때부터 숙명처럼 멍에를 걸치게 된 것이다. 그대들에게는 바로 명예만 주어졌을 뿐 '부에 축적'이란 이 시대의 로망은 신기루였을지도 모른다. 그것은 주변을 훑어보면 그냥 알 수 있다. 어쩌다 좋은 기회가 있어 황금어시장에 발을 딛게 되면 어떻게 된 영문인지 그냥 그날부터 그대들의 명예는 깊은 나락으로 떨어지고 회생의 기회도 주어지질 않으면서 그 상태로 인생을 마감하는 신기한 운명을 타고 난 것이다.

이것은 신의 저주가 아니라 자본주의 사회에서 보편적으로 흐르는 물결인, 신은 **'부(미모)와 명예와 권력'**을 한꺼번에 다 주질 않는다는 그런 맥락으로 여겨 자연스럽게 수용하는 것이 우리 인생 여정에 도움이 되리라 생각한다.

필자는 예비역 '국방수뇌부'가 지향해야할 가치 기준 몇 가지를 제시하려고 한다.

어쩌면 가혹 하겠지만 명예롭게 살아남아 존경받을 수 있는 절호의 기회로 받아드렸으면 한다.

① **이제 세속적인 욕망은 다 내려놓고 심신을 수련하면서 건강을 챙기고, 부단 없는 정보 수집을 통한(누가 챙겨 주는 것이 아니라) 최신 군사지식의 함양과 함께 제2의 국방부장관, 4성 장군으로의 길을 걸어가야 한다.**

어쩌다 군대가 위기에 처할 때 마다 (천안함 폭침, 22사단 사건, DMZ 지뢰 폭발, 기무사 사건, 삼척 목선 사건 등)앞장서서 진두에서 군대를 독려하고(최근 백선엽 대장의 부상 부사관 위문 방문 등), 당시 현역 '국방수뇌부'를 격려하고 각종 매스컴에 칼럼을 싣고, 방송 대담자로 나서서 군대의 또 다른 모습을 국민에게 알려, 국민을 안심시키는 역할도 수행해야 한다.

현역 '국방수뇌부'에게는 다음과 같은 명언을 참고하길 바라면서 보다 용기 있고, 자신감 있는 모습을 보여 주길 기대한다.

"• 지휘관의 진가는 오직 난국에 처하여 발휘된다. 급박한 위기 상황에 봉착하면 부하는 지휘관을 주목한다.

• 훌륭한 군은 장수가 반드시 앞에 나간다. 더워도 차양을 하지 않고, 추워도 옷을 껴입지 않으며, 음지에서는 반드시 말에서 내려 걷고, 갈증이 나도 부하보다 뒤에 마시고, 부하들이 먹고 난 다음에 먹으며, 부하들이 잠자리에 한 뒤에 방에 들고, 고락을 반드시 병과 같이 한다.

이와 같이 하면 전쟁이 오래 간다 해도 사기왕성하다."

② **국방 관련 현직에서 물러나게 되면 모든 것을 깔끔하게 정리하고 국민들 주변으로 돌아가 소시민으로서 삶을 살아야 한다.**

내가 살고 있는 동네 이웃에 '국방수뇌부' 출신이 살고 있다. 그는 남들 보다 먼저 나서서 마을 청소도 하고, 학교 앞 교통정리도하고, 무료급식 봉사도 하는 등 궂은 일을 마다 않고 있다. 이 쯤 되면 좁은 지역사회 이긴 하나 군대에 대한 긍정적인 반응을 인식시키는 데는 게임이 끝이 난 것이나 다름없다. 또한 각 직장이나, 학교, 등을 찾아서 우리 국민들이 두려워하기도 하고, 이해를 잘 못하기도 하는 한반도 안보환경에 대해서 격의 없이 좌담하듯 풀어주면 정말 고마워하고 그 파급 효과가 놀라울 것이다. 예를 들어서, '만약 한반도에 전쟁이 일어난다면 어떻게 될 것인지. 작금 벌어지고 있는 북한정권의 각종 과잉 행동들은 어떻게 되는 것인지. 주변국과는 어떻게 관계를 유지하는 것이 바람직한 것인지. 등을 슬슬 풀어주면 만점짜리 '국방수뇌부'가 될 뿐만 아니라, 또 다른 명예를 얻게 되는 보너스도 받게 된다. 물론 모든 것은 무료를 전제로 하고, 관련 기관의 부담 없는 성의 표시는 받아도 무방할 것 같다.

그렇지 않고 같은 생활을 해온 군 출신들끼리만 만나다 보면 늘 그 얘기가 그 얘기고 하다보면 곧 바로 싫증이 나고, 두뇌 회전이 고착되어 아차, 치매로 발전할 수도 있다. 바둑 두고, 장기도 두고, 등산도 하잖아! 할 수 있지만, 동일 개체와 반복 행위는 효과가 급감한다는 얘기도 있다.

가능하면 많은 젊은이들과 접촉할 수 있는 프로그램에 동참하다 보면, 젊은 그 들은 인생 선배의 인생여정에도 관심을 가지게 되고, 군에 대한 막연한 나쁜 상상력도 사라지게 되어 아주 친밀한 관계로 발전 하게 된다. 사실 군 입대 전 젊은이들은 군에 대한 막연한 두려움을 가지고 있다. 또래들에게 들은 공포 분위기와 SNS를 통해 접한 설익은 소문에 익숙해 있어서 그래도 지낼 만 하다는 긍정적인 분위기를 접하기 어렵다. 그것을 '국방수뇌부'가 희석시켜 주기만 하면 순풍에 돛단 듯 병영문화가 달라지고 민군관계가 개선이 될 수 있다.

이쯤 발전이 되면 인생 정말 살아가는 맛을 새삼 느끼는 단계에 이르게 된다. 국가가 나에게 새로운 일할 거리를 제공해 주지 않나 하는 기대 심리를 제거하고, 어떤 자리를 맡아 또 다른 결재를 해 보고 아랫사람의 보좌를 받고 싶은 충동을 자제 한다면, '국방수뇌부' 출신들의 소박한 활약으로 총력안보 태세 마련에 새로운 전기를 맞게 될 것이다.

→ 이걸 어떻게 풀어 나가는지 잘 알 수 없다면, 재향군인회나, 성우회에서 어떤 총괄 대외협력기구를 만들어서 종합 관리하는 방법이 있다.

③ **현역 '국방수뇌부'**에 오르면 그 이전과 전혀 다른 고품격의 인격체와 멀티플레이어로 탈바꿈 되어야 한다.

'국방수뇌'가 되는 순간부터 모든 대상과 실체의 행위들에 대해서는 칭찬과 격려, 성의껏 마련한 선물을 제공하는 모습으로 바뀌어야 한다. 지금까지 해 보지 않아 생소하겠지만, 일단 시도해 보면 모든 조직에서 분위기가 급변하는 모습을 금세 발견하게 된다. 변화된 분위기는 곧 바로 조직의 사기로 옮아가서 조직은 단결되고 좋은 결과물(무사고)만 생산을 하게 된다.

시시콜콜하게 지적하고 언성을 높이며, 못마땅한 표정만 지어도 그 수뇌부의 인생은 잘못된 방향으로 흘러 갈 수 있다. 어쩌다 만나게 되는 하급제대 구성원이나, 계획된 부대 방문에서 칭찬과 격려, 조그마한 선물하나 전하지 못하고 휙 돌아오게 되면 그 대상들은 사기가 떨어지고, 전반적인 전투력에까지 영향을 미치게 된다. 오히려 헬기타고, 승용차 타고(부관 대동) 이동한 비용도 못 건지고, 헛걸음 치고 돌아온 비경제적, 비생산적인 행위를 한 셈이 된다.

"칭찬할 것이 없고, 라면 한 봉지, 껌 한통이라도 줄 능력이 없으면 아예 예하부대 방문을 하지 않는 것이 도와주는 것이다."

예하부대와 장병들은, 정중동하게 그들의 일상은 숨 막히게 돌아가고 있다는 것을 알아야 한다. 팔도강산에서 각기 다른 개성을 지닌 청년들이 모여 각자의 자존심을 세우기도 하고 일부는 구기면서, 각종 SNS를 통해 시시각각으로 후방의 소식을 다 들으면서 갈등하고, 수용하기도 하고 복잡다단한 구성원들의 심기를 달래느라 말단 지휘관(자)들은 머리가 부셔지는 고통을 감내하고 있다.

이렇게 모든 책임이 모두 몰려 있는 말단 조직에 머리를 식혀주는 '국방수뇌부'가 되어야 하고 말단 제대에서 오히려 국방수뇌부나, 상급제대 지휘관이 자주 들렀으면 하는, 방문해 주기를 기다리는 그런 조직체계가 되어야만 한다.

솔직히 연대장, 사단장, 군단장, '국방수뇌부'가 최근 일어나는 각종 사건사고 방지를 위해 해 준 일이 무엇 있느냐?

이렇게 물으면, 답하기에 매우 궁색해 지는 것이 현실이다.

군대 병영을 보다 건전하고 바람직한 방향으로 유지시키기
위해서는, 특별히

**'실 병을 지휘하는 〈대대장의 사기〉를 크게 높여
야만 각종 군의 현안 문제가 해결이 가능하다.'**

예를 들어서 보병대대급에 휴가 및 포상 권한을 위임한다든
지, 각 대대 급 공통으로 격려금은 높이고 지적은 확 줄이고,
서열 보다 합, 불합격으로 평가를 하고, 각종 시범이나 연구
발표 보다 대대장에게 위임하는 임무 형 위주 교육을 장려하
고, 가능하면 병사들과 함께 할 수 있는 분위기를 많이 만들
어 주어야 한다. 이렇듯 권한은 쥐꼬리 만 하고, 책임은 몽땅
집중되어 있는 대대장을 도와주어야 한다. 언젠가부터 삭막
해 지기 시작한 병영분위기를 어쩔 셈인가. 어쩌다 사고라도
나면, 내 뒤엔 아무도 없다. 여기에서 잘 못되면 나는 끝이다.
는 위기감과 지휘 불안감이 크게 자리 잡고 있다. 너 뒤엔 내
가 있고, 우리 모두(상급 지휘관)가 네 편에서 문제를 해결한
다. 나만 믿어라! 책임지마! 하는 통 큰 상급지휘관이 살아졌
기 때문이다.

→ 대대 급 지휘관의 머리가 맑아야 하고, 사고가 긍정적으로 돌아가야만 원만한 부대지휘가 가능하다.

대대장을 통하면 나의 신상에 모든 문제가 해결된다는 믿음이 심겨져 있어야 하고, 실제 그렇게 되도록 지휘 뒷받침을 해 주어야 한다.

헬기 타고 휙 날아 왔다가 지적질만하고 휙 돌아 가버리는 매정한 '국방수뇌부'는 이제 더 이상 필요하지 않다는 것이 오늘날 군대의 실상이다.

→ 무조건 〈칭찬하고 격려하며, 성의 있는 가벼운 선물〉을 제공하는 것, 이것이 병영혁신을 위한 '마법의 3총사'란 것을 기억해 두기 바란다.

5) 각종 선출직에는 아예 나서지 말아야 한다.

창군 70여 년에 '존경하는 군인'이 나타나질 않고 있다고 했다. 좁은 바닥에서 '계급 인플레' 현상과 '조기 정년'이 한 몫을 하고 있지만 무엇보다 과욕이 부르는 자업자득에서 기인된다. 더 오르려고 하고, 더 가지려하고 하면 모든 것 다 잃고 명예도 잃는다. 국회의원 되고, 지방자치단체장 되고, 재향군인회장 되고, 성우회장 되고 해서 마지막 남은 불씨를 지피고 싶어 한다. 4성 장군 출신이니까. 아직 여력이 남아 있으니까. 자격을 갖추질 않았느냐. 고 하면 할 말이 없지만 위 모든 자리는 3성 장군 이하에게 양보하고 초연해 져야 한다. 다만 국가의 부름, 통치권자의 부름에 의해 어떤 직을 수행하는 것은 의의가 없지만 이마져도 사양할 수만 있다면 정중하게 사양해서 백의종군하겠다. 는 의지를 밝히면 그 자신도 빛날 것이고, 군대는 더욱 빛나게 될 것이며 우리 사회는 4성 장군을 높이 찬양하는 분위기로 일신하게 될 것이다. 이러한 세월이 조금만 지나면 군이 전쟁을 하지 않더라도 존경하는 군인이 탄생하게 되고 국민들은 전쟁을 무서워하지 않게 되며 군대를 신뢰하게 될 것이다.

군에 4성 장군이 사회 곳곳에서 비난에 목소리가 터져 나오고, 국회에서도 제대로 구실을 못하고, 연평도 포격사건시 수통을 보고 적 포탄이라는데 동조를 하고, 도대체 어떻게 장군이 되었는지 알 수 없는 일이 비일비재하게 벌어지고 있다. 몸담았던 군대를 위해서, 후배를 위해서라도 이제 선출직에 나서는 것은 삼가고, 국민 속에서 무한 봉사하는 그런 삶을 삶으로써 장차 예상되는 총력전(total war:국민과 함께 하는 전쟁)) 형태의 전쟁에서 반드시, 싸우지 않고 이기는 군대로, 싸우면 반드시 이기는 군대를 만드는데 밀알이 되어 일조하는데 기여할 수 있다.

→ 지금 군대를 국민의 품으로 돌리는 길은 무력증강보다, 국민의 신뢰를 받는 '국방수뇌부'의 올곧은 군인의 길 행보가 더 시급하다.

→ 수많은 군인들 중에 국민으로부터 **'존경 받는 군인'** 한 사람이
라도 어서 탄생 했으면 한다.

6) 안보전략 전문가 양성에 앞장서자.

여기에서 말하는 안보전략 전문가란, '군사전략(+)'한 안보전략
전문가를 말한다. 일반적으로 안보 전문가라고 일컫는 사람들은,
대부분 국가전략 중 특정부분을 공부한 사람들을 말하며, 교수, 언
론인, 종교인, 군 출신 중 특수화특기 소유자 등 제법 많이 분포되
어 있다.

필자가 말하는 안보전략 전문가가 되기 위해서는, 국가전략 중
특정한 분야를 공부한 사람으로서(박사 급) 야전에서 대대장급 이
상 지휘관과 사단급 이상 참모직을 경험하고 각 군 본부, 합참, 국
방부에서 주요 정책 담당자로서 근무한 경험이 있다면 '군사전략
전문가'라고 할 수 있다. 왜냐하면 전투력을 할당하고 전개해 본 경
험은 큰 자산이기 때문이다.

우리 군에 이러한 안보전략 전문가가 매우 희소하다는 점이 문제
점으로 대두되고 있다.

각종 매스컴을 타고 있는 대부분 논객들은 국가전략 영역에 사람
들로서 특정 안보 이슈에만 정통하고 군사작전이 연결된 안보 이슈
에는 뼈 없는 얘기만 쏟아 내고 있다.

군사전략에만 종사한 현역 또는 예비역 군인들은 하나 같이 표현

력과 발표력, 난상토론에 취약한 모습을 보이고 있다.

시시각각변하는 국제정치의 흐름을 따라잡지 못하고 게다가 민간 전문가들에 비해 전 후 자료 축적에 뒤 짐으로서 쌍방 토론의 벽을 넘지 못하고 있다.

때문에 국가전략(박사 급)에다가 군사전략을 경험한 우수한 인재를 양성하기 위해서는, 위관장교 시절부터 준비해야 한다. 일선 소대장(그에 준하는 직 포함)을 마치면 국방대학교나, 국내외 대학원에 위탁교육을 시키고, 반드시 중대장(그와 유사한 직 포함)직을 수행 하도록 한 다음 정책부서 근무 경험을 부여 해야만 한다. 이어서 각 군 대학을 이수하고 교관 또는 교수직을 한 번 경험 하도록 하면 추후 활용에 많은 도움이 되지만 경력 관리상 꼭 그렇지 못해도 무방하다. 이후 일선 대대장직과 국방부 등 정책부서 담당자로서 근무 경험을 쌓게 되면 일단 아주 우수한 정통 코스를 밟게 된 것이며, 군사전략 전문가로서 명함을 내밀어도 손색이 없다.

사실상 지금부터의 관리 및 활용이 진정한 전문가 양성에 가장 중요한 부분이다. 어디까지나 현역 군인 이기 때문에 그들의 최상 목표인 '승진'이란 관문이 남아 있다.

여기에서 두 갈래의 길이 열리게 된다.

① 대령으로 승진 한 자와

② 승진하지 못한 자로 구분이 되게 된다.

대령으로 승진 한사람은 일 단 여기에서부터 '안보전략 전문가'로서의 길은 멈추게 된다. 그냥 군사전략 전문가로서 활용을 할 수

밖에 없다.

'승진하지 못한 사람을 '국방수뇌부'가 책임지고 관리 해 주어야만 한다.'

군사전략 전문가의 능력과 국가전략에 박사학위 까지 취득한 중령급 우수 자원을 지금까지 국방부는 그대로 방치를 했다. 각자 알아서 알음알음으로 살길을 찾아다니다가 그동안의 경력과 전혀 무관한 곳에서 삶과 씨름해야만 하는 허무한 인생 역정을 보내고 있는 실정이다.

국방부 장관은 안보, 안보 하면서 발만 동동 굴렀지 어디에서 무슨 문제가 일어나고 있는지 그 근원을 모르고 있다.

매년 수백 억 원 씩 위탁교육비에 투자해 놓고도 제대로 심사분석한번 해 보질 않고 그냥 투자만 하고 있는 것이다.

이제라도 늦지 않았으니 대안을 모색해야 한다.

① 민간 기업 (10대 재벌회사)을 찾아가서 안보관련 연구소를 하나씩 만들도록 부탁해야 한다.
② 민간 안보관련 연구소를 다수 만들어서 이곳에 국고보조금을 지원 해 주어야 한다. (예, 한국전략문제연구소)

이러한 연구기관에 우수한 중령급 안보전략전문가들을 채용해서 평생 연구업무에 종사하도록 하면, 국방부나 그 외 안보관련 기관들이 겪는 안보정책의 실현에 애로사항을 해소할 수 있다. 사전 언론 프레이를 자연스럽게 선행해 줌으로서 안보정책 사업이나 방위사업 등에 리스크를 해결할 수 있고, 각종 언론 대담 프로에 나가서도 국방관련 업무를 명쾌하게 해결 할 수가 있다. 아울러 이들이 각 대학에 강의도 나가고 연구프로젝트도 수행함으로서 장차 교수로 진출할 수도 있고, 언론사 대기자로 활용될 수도 있다.

지금같이 투자는 해 놓고 그냥 방치하는 세월이 길어지면

국방부와 그 관련기관 그리고 '국방수뇌부'는 아무리 발버둥을 쳐도 정치권, 언론, 민간 안보전문가들의 논조 설파에 휘말릴 수밖에 없다.

→ 꿈같은 얘기이지만, 현실화시키기만 하면 **'국방부는 대박'** 이 날 수 있다.

7) '원수(元帥)' 직을 제정하여, 예비역 '국방수뇌부' 중에서 국민적 존경을 받는 분에게 수여하자.

지금까지 1)~5)는 모두 '국방수뇌부'에게 희생, 봉사, 백의종군, 머슴처럼, 등 어떤 입신의 경지에 이르도록 무리하게 강요만을 했다. 사실 연령적으로나, 가진 것으로 보나(같은 급에서 퇴직한 타 직종 종사자들에 비해 가진 것이 모자람), 억울한 감정이 들 정도로 가혹한 요구를 했음을 인정한다. 필자가 이렇게 까지 한 것은

군대를 살리는 유일한 첩경의 길이기에 무리수를 둔 것이다. 또 조용이 받아드릴 혜안을 가진 분들임을 알기 때문에 공론화를 시킨 것이다.

그렇다고 우리 사회가 마냥 매정하고, 자기 것만 알고, 공공의 이익을 저버리는 것만도 아니다.

최근 여론조사에서 2,30대 젊은이 80%가 국가가 위기에 처하면 즉각 나서겠다고 했다. 또한 최근 국가비상사태가 발생했을 때, 장병 60여 명이 전역을 미루고 전우와 함께 생사고락을 같이 하겠다고 했다. 그 뿐만 아니다. 이미 전역한 3,40대들도 예비군복을 챙기는 등 국가 위난에 대응할 준비가 되어 있다고 했다. 이렇듯 안보 공감대의 분위기가 우리 사회 저변 곳곳에서 용틀임 하고 있는 것을 보면, 이를 선도하는 그룹에서 조용하고 잔잔하게 조금만 리드를 해주면 그 불꽃이 사그라지지 않을 것 같다.

'국방수뇌부'가 그 자리 메김을 하게 되면 더욱 탄력을 받아 시너지 효과가 발생하리라 생각한다.

여기에서 자연 발생적으로 존경받는 인물이 탄생하게 되는데 그 분에게 '원수(元帥)' 칭호를 부여 하여 길이길이 모시게 되면 군대와 시민사회가 인생 역정에 한 수레바퀴가 되어 자연스럽게 굴러가게 되고, 거부감이나 위화감, 군대에 대한 막연한 두려움 같은 것도 눈 녹듯 살아지게 된다.

'원수(元帥)'가 되었다고 해서 급여를 책정 하지는 않고, 다만 운전기사와 차량, 재향군인회에 독립 사무실과 운영비 등을 지원하고 그 외에 우리사회에 일반적인 공공서비스나, 각종 교통 무임승차, 무료 의료 혜택 등을 부부가 함께 누릴 수 있도록 배려를 하는 수준으로 하면 될 것 같다.

아울러 추천 및 임명은, 재향군인회가 추천하고 국회에서 심의와 의결을 거쳐 대통령이 임명하게 한다. 이 모든 과정은 입법화해서 권위 있는 절차가 되고 국민적 축제가 될 수 있도록 했으면 한다.

지금 까지를 정리하면,

세간의 흐름을 부추기는 부류가 있긴 하지만, '국방 수뇌부'에 대한 국민의 열망은 대단하다.

정말 알고 있는 사람들은, 유사시(전쟁, 긴급 상황 등)에 진심으로 국민을 보듬어 줄 집단은 **'국방 수뇌부가 포진되어 있는 직업군인 집단 밖에 없다.'**는 것을 너무나 잘 알고 있다.

유사시 그동안 말로, 글로, 선전 선동하고, 호도하던 부류들은 모두 어디론가 다 사라져 버리고, 불안과 공포, 공황상태에 빠져 있는 국민을 다독이고 안정을 유지하게 하면서, 각종 행동 단계를 하나하나 소상하게 안내해 주는 사람들이 있었으니, 그들은 그동안 어디에선가 얼굴 한 번 들어내지 않고, 잘 난체 하지 않고, 묵묵히 자기 일만 해오든 평범한 소시민으로써 바로 직업군인들이었다. 홀연히 나타나서 국민의 생명과 재산을 지켜주며 우리를 믿으라는 말을 남기고 또 다른 임무를 위해 자리를 뜬다. 위기 상황에서 국민이 아파할 때 함께해 주는 이들의 진정성이 국민 의식 속에 분명한 믿음과 신뢰로 아로새겨지는 순간이다.

그래서, **'정권이 국가안보의 정론에 헛발질을 할 때,'** 예비역 장성, 재향군인회가 바로잡아 주는 성명과 대담, 집회를 하는 것에 많은 동조를 아끼지 않는 이유이다.

비록 표면상으로, 나타나 동조하는 모습은 좀 부족할지 몰라도 그 진정성은 국민 깊숙이 자리 잡혀 있음을 알아 주기바라고, 어렵고 불비한 여건이지만 정진해 주기를 기대하고 있다.

필자가 소신을 피력하고 있지만, 솔직히 염치없는 주문이라는 걸 너무나 잘 알고 있다.

평생을 뼈가 녹아내릴 정도로 헌신하고 이제 겨우 숨을 돌리고 있는 참에, 대책 없이 큰 짐을 지워드리는 것은 실례이고 무례함이다.

그런데 자꾸만 물렁물렁해지는 군을 바라보면, 그냥 손을 놓기에는 너무나 아쉽다.

필자 혼자 발버둥 치는 것보다 여럿이서 뜻을 모아 집중을 하면, 경천동지(驚天動地) 할 수 있겠다는 실낱같은 희망을 보았기에 무거운 아젠다(agenda : 의제, 안건)로 제시해 본 것이다.

"간절히 바라건대,

정파적 유 · 불리를 떠나, '국군통수권자'의 아낌없는 지원이 뒷받침 되었으면 한다."

– 삼가 무례했음에 혜량을 구합니다. –

청춘이여! '직업군인'의 문을 두드려라

엄청난 사명감이나 구국(救國)의 열정을 가지라는 당부가 아니다.

건강한 정신, 온전한 자세, 나와 내 가족을 보살피겠다는 소박한 마음만 있으면 일단 유자격자로 볼 수 있다.

처음부터 거창한 삶의 목표를 지향 한다거나, 목표를 향해 행동 계획을 수립해야 한다면 출발이 어긋날 수도 있기 때문에, 일단 한 번 무심코 덤벼 볼 만한 평범한 대상이라는 것을 말하고 싶다. 왜냐하면, 이미 수 만 명이 이 길을 걸어갔고
지금 현재도 수 만 명이 이 길을 걸어가고 있기 때문이다.

필자의 경우를 예로 들어보기로 한다.

직업군인의 '직'자도 생각해 보지 않은 청년이 일단 한 번 발을 디뎌 본 경우에 해당된다.

입대 전에는 술도, 담배도, 연애도 한 번 못해본 숫총각으로서, 요즘 같으면 인터넷 검색이나 다양한 SNS를 통한 정보 입수도 했겠지만 병무청 공시 외에는 완전히 백지상태에서 뛰어 들었다. 처음 자격시험부터 난관에 부닥쳤다.

체력 측정 1500m 달리기에서, 1등에게 한 바퀴 뒤 저 들어오니까 측정관이 너는 입학해도 퇴교할 가능성이 많으니 불합격하는 것이 좋겠다고 하기에, 한 번만 더 기회를 달라고 사정을 해서 그 힘든 달리기를 두 번 달려 겨우 합격을 한 케이스이다. 장교 양성과정에도 늘 큰 산이 부닥쳤다. 선착순에는 늘 꼴찌 그룹이고, 각종 내무 정리정돈에는 '각'이 서질 않고, 군화 손질에도 유독 광택이 나질 않았다. 그래서 머리를 쓴 것이 옆 동료에게 바깥 사역(使役: 군사 본래의 임무 외에 임시로 하는 잡무) 동원에는 내가 대신 나가고 정리정돈을 네가 해 달라고 했더니 흔쾌히 응해서 육체적으로 힘은 들었지만 무사히 위기를 극복했다.

시간이 흐를수록 인간은 생존 본능에 순응하게 되고 익숙해 지면서 몸과 마음이 점차 안정되는 것을 느낄 수 있었다.

군대란 이런 것이다.

필자와 같은 순둥이도 적응하는 것을 보면 누구나 순응하게 되어 있다는 것을 알 수 있다. 나 혼자서 한다면 불가능하거나 도태

될 수도 있겠지만, 옆에 같은 처지의 동료가 있어 상부상조하고 동병상련의 어깨 기댐으로 서로 버텨낼 수가 있었다.

시간이 흐르면서 어떤 요령을 피우지 않고 순리대로 적응하다보니 어느새 전체 상위 수준으로 실력도 향상되고 자연스럽게 주변 동료와의 관계도 친밀하게 유지되고 있었다.

오라 !, 이 길이 나의 체질인가. 적성에 맞은 건가. 구체적인 판단할 겨를도 없이 상황이 급변하면서 현실 임무에 빠져 들게 되었다. '김신조 일당의 무장공비 침투사건, '베트남전 전투소대장, GOP 중, 대(대)장,' 길고 험난한 여정이 구름같이 흘러갔다.

"군 생활은 이렇게 순한 양을 사자와 호랑이로 만드는 묘한 비법이 숨겨져 있다."

그 비법은 아무도 모른다. 책에도 없고, 누가 얘기해 주는 사람도 없다. 그냥 스스로 터득하고 적자생존(適者生存 : 환경에 적응하는 생물만이 살아남고, 그렇지 못한 것은 도태되어 멸망한다.) 한다고 보면 된다.

"아!, 이건 너무 무서운 얘기야, 난 살아남기 위해 아귀다툼도 싫고, 그렇다고 도태나 멸망도 싫어!"

이런 식으로 이해할까 봐 애를 들지 않으려다 한 것인데, 이를테면 이런 것이다. 는 것이고, 그 유순한 필자가 살아남은 것을 보면 대한민국 청년 90% 이상은 건재할 수 있고, 나머지 10%도 필자보다 더 잘 살아남을 수 있다.

필자가 장교였기에 '장교의 여정'만 예를 들었지만, 부 사관이나 준사관, 여성 직업군인 양성의 길도 똑 같다고 보면 된다.

이렇듯 직업군인의 여정을 속속들이 들여다보면 다양한 기회와 삶의 행로가 나타난다. 본인의 적응 정도에 따라 스스로 선택할 수 있는 기회의 광장이 펼쳐지는 것이다.

외부에서 보기에는 군대는 어디까지나 군대인지라 무언가 억압되고 선택의 여지가 없어 보이는 것으로 비칠 수 있다. 일부 그렇게 잘못 전달되고 전파된 것이 있다.

전혀 그렇지 않고, 장기간 연마된 적성과 그 과정에서 몸에 밴 무한 책임정신은 제2, 제3의 길을 선택할 때 유용하게 활용할 수 있다. 군대 내의 기술이 모두 사회 기술과 연동이 되어 있고 사회 기업들은 숙련된 기능인을 선호하고 있다.

여기에 책임감과 친화력, 지휘통솔력까지 겸비하고 있으니 정말 일할 사람이 필요한 우리사회는 그 수요가 날로 증가하고 있고, 공급처인 군 출신 필수자원이 딸릴 지경이다.

먼저 나간 선배들이 바탕을 잘 닦아 놓았기 때문에 밀고 당기는 선순환이 잘 이루어지고 있다.

직업군인의 길에는 부 사관으로의 길, 준사관으로의 길, 위관, 영관, 장군으로의 길이 별도로 펼쳐진다.

계급사회이기에 층층 간에 어떤 격이 있는 것은 사실이다. 그것은 조직 관리를 위한 시스템인 것이고 각 층마다 저마다 고유의 인생관과 지향하는 길이 있다.

이것을 능력으로 평가한다거나 사회적 분위기로 환산하여 어떤 위상으로 결정한 나머지 인간 자체를 저울질 하는 것은 매우 잘못된 사고방식이다.

우리가 사회생활을 할 때, 이런 얘기를 많이 한다.

"직업에는 귀천이 없고 평등하며, 빈부의 차가 없다."

즉 직업 그 자체에 신성함이 있다는 뜻이고, 그 하나하나에 희로애락이 복합되어 자기만족을 느끼며 살아간다는 뜻이다.

이와 똑 같은 현상으로 군대에서도, 부 사관은 그 자체로써 전문성을 살리면서 성취감을 맛보고 자기 울타리를 만들어 한 지역에서 장기간 거주하며 많은 노하우를 축적해 있으며, 자꾸만 주기적으로 자리를 옮기는 장교 집단을 리드하고 한 부대의 허리 역할을 당당하게 함으로써 병사들에게는 마치 어머니와 같은 존재로 자리매 김하고 있는 큰 장점이 있다.

부 사관을 잘 관리하지 못하는 지휘관은 절대 부대를 성공적으로 이끌 수 없다.

그리고 장교 개개인도 부 사관으로부터 노련하고 숙련된 관리기 법을 전수받지 못하면 어떤 직책을 성공적으로 수행할 수가 없다.

이와 같이 군대도 조직체계상 집단을 구분했을 뿐이지(부 사관, 장교 등) 집단 간에 귀천이 없음을 증명하는 것이다.

젊은이들이 어떤 직업군인 집단을 택하더라도 모두 본인의 적성 일 뿐이지 그 누구도 선택에 시시비비를 가리지 않고 깊게 관여를 하지 않는다. 오직 본인의 마음이다.

직업군인 생활을 마치고 사회로 복귀하면 이때부터 군 생활 중의 계급, 직급은 참고사항일 뿐이고 그동안 쌓아둔 본인의 능력에 따 라 다양한 변화를 맛보게 된다.

신상을 밝히지 않고 몇 가지 예와 전역 후에 변화된 모습을 보면, 부 사관으로 전역 후 국회의장을 한 분도 계시고, 별 넷으로 나와 장관도 되었지만 곧바로 감방으로 간 사람도 있고, 중령으로 나와 과거 국가안전기획부장을 한 분도 계신다.

군이 이런 벼슬아치가 아니라 우리사회 곳곳에서 다양한 분야에 전문가와 중추적 역할을 하는 사람이 셀 수 없을 만큼 많이 포진되어 있다.

여기에서 분명히 얘기하고 싶은 것은, 직업군인으로 예편한 사람 중에 자기 가족을 돌보지 못하고 사회에 악영향을 끼치는 사람이 거의 전무하다는 것을 강조하고 싶다.

이렇게 사회에 나와서도 자기 앞 가름을 해 낼 수 있는 그 기본 토양은 군 생활을 통해 터득한 책임감과 근면성실 그리고 절약정신이 몸에 배어 있기 때문이다.

이것은 금전으로 환산할 수 없는 무한대의 자산 가치로 평가되며, 덤으로 챙겨지는 것이 또 하나 있다.

'바로 2세들의 약진이다.'

대부분의 2세들은 부모의 군 생활을 지켜보았고, 그분들의 사회 적응 과정을 함께 했기에 절대 다른 길로 나가질 않는다.

우리 사회 수많은 직업군(群) 집단이 있지만 가장 근검 진솔한 삶을 영위하면서 국가관 까지 겸비해 있는 집단을 발견하기 어렵다. 2세에게 많은 재산과 재테크 기술을 물려주진 못해도 성실과 정직을 덕목으로 인간답게 살아가는 기술을 일깨우게 만든 **'직업군인 어버이의 길'**을 알고 있기에 삶을 허투루 살아가지 않는다.

직업군인은 우리 사회의 성숙도와 삶의 가치 기준을 한 단계 업그레이드 할 수 있는 소중한 집단이다.

따라서 직업군인의 길은 무한한 가능성과 성취감을 맛볼 수 있기에, 젊은이들에게는 도전과 기회의 장이요, 자긍심을 가지고 미래를 꿈꾸면서, 자기 인생을 한 번 걸어 볼만한 보증수표와도 같은 직업군(群)이다.

직업군인 집단은, 이도저도 오갈 곳 없어서 찾아가는 곳, 그냥 밥 주고, 옷 주고, 잠잘 곳 마련해 주며, 의식주 해결해 주는 봉사단체가 아니라, 그 현장은 모든 게 현실이며, 1분 1초도 멈추지 않고 살아 꿈틀거리는 생명체로서 대한민국에서 가장 활화산처럼 차고 넘치는 역동적인 집단체이다.

이것을 긍정적으로 받아드릴 자신만만한 청년 집단은 누구나 손을 내밀어 보라.

지연, 학연, 혈연, 시쳇말로 '백'이 없어도 모두 환영하고 있다.

성실하고, 정직하고, 묵묵히 근무하다보면, 그 기간 동안에 자기도 모르는 '백'이 생겨져 있다.

생사고락을 함께한 전우(동료, 선후배, 상관)들이 모두 영원한 '백'이 되어 있다.

"백(Back)이 없고 무일푼이라도 자수성가할 수 있는 유일한 집단, 글로벌 시대와 보조를 같이하며 어느 국가, 누구를 만나더라도 신분을 인정받고 보장 받을 수 있는 집단!

'직업군인의 길'로 입성(入城)을 환영합니다."

국민과 직업군인이 동행하는 날

현역 직업군인으로 생활 할 때나, 예비역 직업군인으로 살아가면서 남을 부러워하진 않았다.

뭐 대단해서가 아니라 **'부러워하면 진다. 흥분하면 진다.'**는 얘기를 많이 들었고 실제 경험을 해보니 사실에 부합하는 논리로 받아들여졌기 때문이다.

그런데 국가안보 분야에 푹 빠져들고부터 부러운 것이 생겼다. 더 나아가 존경하는 마음까지 생기게 되었다.

이스라엘과 미국의 국민정서 이다.

위 국가들의 사회통합의 원천은 **'국민'**과 **'군대, 현역군인, 예비역군인'**이 조화롭게 사회를 구성하고 배려를 하고 있기 때문이다.

이들 국가라고 해서 군인들의 일탈행위가 없겠냐마는, 그 극소수의 행위에 부화뇌동 하지 않고 더 크고 높은 곳을 바라보며 더 큰 그림을 그린다. 즉 우리가 안심하고 생업에 종사하며 각종 문화생활을 만끽하는 것은 저들의 희생과 봉사가 있어서 가능하다고 하는 것이 국민정서에 고스란히 녹여들어 있다는 점이다.

이런 분위기는 어린아이들의 유치원 과정부터 자연스럽게 일깨워 줌으로써 존경과 고마움, 감사할 줄 알고, 배려하는 마음까지 생겨서 상호 돈독한 관계가 형성되어진다. 공공의 장소 어디에서든 '**군인 먼저**'하는 것은 이상스럽지 않다. 이에 대해 군인들이 넙죽 받아먹고 시침이 떼는 것이 아니라 노약자와 부녀자를 먼저 배려함으로써 전체적으로 공동체 분위기는 물이 흐르듯 자연스럽게 흘러간다.

반면에 지금 우리는 사회통합을 위해 온갖 제도와 방침을 토해내고 있다. 또 한 편에서는 군대와 사회를 둘로 갈라치기도 한다.

혹여 어디에서 군대를 앞세우는 발언을 했다가는 완전히 '**수구꼴통**'으로 매장시킨다. 심하게는 '**전쟁**'을 하려는 것이냐고 비약시키면서 '**군대**'를 곁에 두면 무슨 큰일이라도 나는 것으로 매도함으로써 점점 더 골을 깊게 만들고 있다.

북한 김정은 군사집단은 '1'도 변하지 않고, 변하려는 마음조차 없는데 말이다.

이스라엘과 미국에 근접하진 못하더라도 '**국민과 군대가 동행**'하는 모습을 자주 보았으면 한다.

대표적으로 매년 10월 1일 **'국군의 날 행사'** 하나 만큼은 성대하게 거행했으면 한다.

국군의 날은 1956년 9월 21일 대통령 령 1173호로 공포되어 1956년 10월 1일부터 시행하게 되었다. 이날은 1950년 6월 25일 한국전쟁이 일어난 후, 파죽지세로 밀리던 국군이 1950년 9월 15일 맥아더 장군의 인천상륙작전을 기점으로 반격을 시도하여 **'그해 10월 1일 처음으로 국군과 UN군이 38선을 돌파하여 북진을 시작한 날을 기념하기 위해 지정된 날짜이다.'** 그 후 1990년 까지는 공휴일로 지정되었으나 10월에 공휴일이 겹친다고 해서 취소가 된 후에 기억에서 점점 멀어지고 있다.

공휴일은 아니지만 국군은 나름 병력과 장비를 동원해서 시가행진을 하는 등 각종 군사시설과 부대 영내를 개방하여 민군관계 발전을 위해 많은 노력을 해 왔었다.

그런데 그 때 동원되는 병력과 장비를 금전으로 환산하는 야박한 경제 심리와 정권의 변화에 따라 격년제 기념행사와 규모를 대폭 축소하는 등, 하는 둥 마는 둥 조용한 분위기로 전락하고 말았다.

국민의 아들딸들이 국가의 부름을 받아 국민의 군대로써 최선을 다하는 늠름한 위용을 한 번 쯤 보는 것을 '**누구의 눈치를 볼 그런 가벼운 문제**'가 아니다.

　지난 시절 군 생활 하면서 국군의 날 행사요원으로 차출되어 훈련과 예행연습 등 힘든 생활을 했지만 그날 단 하루, 많은 시민들이 지켜보며 박수치고 꽃다발 걸어주고 대대적인 환영을 하는 그 광경을 잊지 못한다. 그 행사의 일원이었다는 것을 가문의 영광으로 생각하고 추억에 잠길 때가 있다.

　사회생활에 어려움이 닥칠 때, 과거 그 순간을 연결시키면서 슬기롭게 극복하기도 한다.

　설령 기회가 닿지 않아 행사에는 참여하지 못했더라도 모두 자기의 행사처럼 여겨, 대리만족을 느끼면서 모든 국군장병들이 열광하는 뜻깊은 공감대가 형성됨으로써 뼈 속 깊게, 깊이깊이 그 여운이 녹아들어져 있었다.

> "왜, 이런 절호의 기회를 내팽개치고, 말로만 국군장병!, 장병!,하며 립 서비스〈 lip service: 입에 발린 말〉만 하고 있는지!"

　일부 고통으로 여기는 사람도 있었겠지만 전체적으로 순기능이 더 많았다.

자고로 군대와 군인은 조용하고 정적(靜的)이면 안 된다.

생각이 많아지고 뜬금없는 발상은 더욱 독약이다.

그래서 틈만 나면 뛰고, 움직이고, 군가소리가 우렁차게 울리게 하여, 웃고 즐기면서 희희낙락하도록 만들어, 생동감 넘치는 병영 생활을 할 수 있도록 각급제대 지휘관은 신경을 쓰고 있다.

국가 예산 중, 무상복지의 무분별한 확대라든지, 불요불급한 관급공사 중 일부만 선별하여도 1년에 한번 '국군의 날 행사'는 치를 수 있다. **'예산 타령과 누구 눈치 보는 것'**은 집어치우고 대한민국이 살아 숨 쉬는 모습과 국군의 생생한 모습을 과시하여 사회통합과 국민통합의 기회로 삼았으면 한다.

좀 더 구체적으로 접근 해 보려고 한다.

다음 제시하는 의미에 '직업군인 집단'도 동참하여 국민과 함께 동행 할 수 있도록 했으면 한다.

첫째, 국가이익이 걸린 일에는 모두 동참하자. 내 국민 네 국민, 가진 자 들 가진 자, 내 언론 네 언론 편 가르지 말고,

둘째, 정당한 경쟁에서 패했으면 깨끗하게 승복하자.

셋째, 네 탓, 남 탓, 나라 탓과 같이 책임을 타에 돌리지 말자.

넷째, 일이 벌어지면, 신속하게 대응하고 차분히 다잡아야지 울고불고 매달리지 말자.

다섯째, 국가안보에는 여와야, 진보와 보수, 우파, 좌파, 중도니 구분하지 말고 함께 힘을 모으자.

이 모든 중심에는 정치권과 언론, 지식인(교수 등), 법조, 의료, 문화예술, 종교, 무책임한 논객, 시민단체 등 '말 발' 좋은 사람들이 자리 잡고 있다.

이들을 언필칭(言必稱), 오피니언 리더(opinion leader : 여론 주도자〈층〉)라고 하여, 소수이면서 다수 국민의 의식 세계를 뒤 흔드는 아주 중요한 위치에 있는 사람들이다.

우리 사회는 민주주의와 알권리 까지 만연하여 이 머리 좋고 입담 좋은 사람들에게 속수무책으로 끌려가며 소중한 세월만 흘려보내고 있다.

시기적으로 보면, 김영삼 정권(1993년)부터를 문민정부 또는 민주화 시대라 일컫고 있는데 벌써 30년의 세월에 이르고 있다. 그들은 그동안 많이 누려 보았고, 기득권자로 자리매김하였다.

그런데 이들은 그들의 결점을 보완하기 위해 기업을 두들긴다. 기업을 만인의 적으로 몰아 위축시키고 계속해서 무언가 파내고 얽어 묶어 매스컴을 타게 함으로써 자기네들의 취약점을 보완했는데 어쨌든 현재까지는 성공하고 있는 모양새이다.

필자가 바라보는 **'이 시대 최고의 영웅은 기업가'**들인데 말이다.

그러니까 제대로 노력해서 돈 벌어 본 적이 없는 집단이 불철주야 돈벌이에 여념이 없는 집단의 발목을 잡고선 놓아 주질 않고 있으며, 그 사이에 이들은 틈새를 묘하게 이용하여 돈과 권력 두 가지 맛을 다 보았고, 오히려 지금은 젊은 세대들에게 새로운 척결 대상으로 급부상하고 있다.

부존자원이 미약한 우리나라는 **'기업가가 존경 받는 사회' '젊은 청춘들이 나래를 펼칠 수 있는 사회'**로 대전환 해야만 지금 단계에서 한 차원 더 높게 도약할 수 있다.

위 다섯 가지 주제에 대해 조금 더 부연 설명을 해보기로 한다.

▶ **국가이익이 걸린 일에는 모두 동참하자.** 내 국민 네 국민,
가진 자, 들 가진 자, 내 언론, 네 언론 편 가르지 말고.
기가 막히는 현실이 좁은 한반도에서 펼쳐지고 있다.
기득권을 누리려하고, 고고한 척, 화려한 입담으로 살기 힘든
국민을 혹세무민(惑世誣民 ;세상을 어지럽히고 백성을 헷갈
리게 하여 속임)하고 당사자는 기세등등하다. 지방자치가 시
작되면서 전 국민을 정치인화 하여 현실 정치에 기웃거리게
만들고 있다 정치는 모름지기 국민을 편안하게 만들고 정치란
게 있는 듯 없는 듯 흘러가도록 만들어야 한다. 국민이 사분
오열되어 어떻게 수습해야할지 난감한 상황에 이르렀다.
이를 때 직업군인 집단의 모습을 눈여겨보기 바란다. 오직 국
민만 바라보고 묵묵히 최선을 다하면서 만약 국민에게 위태로
운 일이 발생하면 앞뒤 가리지 않고 가장 먼저 발 벗고 나선다.

▶ **정당한 경쟁에서 패했으면 깨끗하게 승복하자.**
암 까마귀인지 수까마귀인지, 콩인지 팥인지 헷갈리는 세상
을 만들어 놓았다.
도무지 결과를 인정 할 수가 없도록 위선이 판을 치고 있다.
어린 아이들까지 떼를 쓰면 무언가 얻을 수 있으니 쉽게 승복
하지마라. 끝까지 우겨라. 이렇게 진검승부를 하도록 만들고
있다. 가장 매스컴을 많이 타는 정치권에서 '정정당당'이란 우
리사회 보편적 기본질서를 흩트려 놓았기 때문에 어디서부터

손을 써야할지 종잡을 수 없다. 법원의 판결에 승복을 하지
않고, 상대를 인정하지 않는 궤변의 선수들이 나만 옳다하며
매스컴을 장악함으로써 국민은 방향타를 잃어버렸다.

직업군인 세계의 큰 장점은 결과에 대해 깨끗하게 승복하는
일이다. 그리고 거울삼아 곧바로 다잡아 나가는 뚝심이 있다.

▶ 네 탓, 남 탓, 나라 탓과 같이 책임을 타에 돌리지 말자.

도무지 자기 잘못을 인정하려 들지 않는다.

시원하게 잘못했다. 죄송하다. 하면 다 끝날 일인데 우기는데
선수들이다. 옛말에 '말 한마디로 천 냥 빚을 갚는다.' 는 말이
있듯이 우리 선조들은 대인관계에서 말의 무게와 신뢰, 긍정
적인 사고, 책임의식을 돈보다 더 중히 여겨왔음을 알 수 있
다.

오늘날에도 조직이나 사회생활에서 '내 탓이오'하며 책임을
떠안는 사람들이 조금은 더디지만 궁극적으로는 출세하는 사
람들이 많이 있다.

직업군인은 기본적으로 **'책임 전가'**하는 것을 최고의 수치로
알고 있기 때문에 이들의 사전에는 그런 용어가 실려 있지 않
다. 왜냐하면, 각개 병사에 이르기까지 모두 각자의 임무가
부여되어 있기 때문이다. 오히려 이들은 **'책임은 나에게 명예
는 상관에게'**라는 신조를 몸소 생활하고 있다.

▶ 일이 벌어지면 신속하게 대응하고, 차분히 다잡아야지 울고불
고 매달리지 말자.

우리 인생 여정에서 어떤 일이 벌어진다는 것, 누구에게나 닥
칠 수 있는 일이다. 이 때 대처하는 모습으로 결과와 판도가
확 달라진다. 즉 개인사(史)에서 중간 결산, 또는 그다음 단계
결산을 해 보면 지금 현재 삶의 수준을 느껴 볼 수 있다.

굳이 이 또한 애써 인정하지 않고 팔자소관, 조상 탓으로 돌
려버리면 대책이 없어지지만 곰곰이 곱씹어보면 나 자신의
신중하지 못한 언행으로 인해 유발된 것임이 발견하게 된다.

풀썩 주저앉아 대성통곡을 하면 잠시 가슴은 후련해지겠지만
그것이 습관이고 길어지면 떼를 쓰는 것이 되고, 상대를 지치
게 함은 물론, 실망스럽게 하여 신뢰에 금이 가게 된다.

'위기 뒤에 찬스(기회)가 온다.'는 말이 있듯이 빠르게 받아들이
고 수습하면 분명히 더 희망적인 일이 기다리고 있다.

직업군인은, 울지 않는다. 한번 실수는 '병가지상사(兵家之常事 ;
전쟁을 할 때 한 번 실수는 늘 있는 일이다.)'라고 생각한다. 따라서
모든 일에 회복이 빠르다.

참고로, 한 번 실수로 대세가 허물어지는 경우가 왕왕 있으니,
한 번 쯤은 괜찮겠지 는 하지마라. 병가지상사적 맘 다짐으로 임하
면 한 번 실수도 용납되지 않는다는 말이다.

▶ 국가안보에는 여와야, 진보와 보수, 좌파, 우파, 중도니 구분 하지 말고 함께 힘을 모으자.

가장 작은 규모(인구/면적)의 이스라엘이 아랍 국가들에 에워 쌓여 있으면서도 중동의 국제질서를 주름잡고 있는 것은 이 스라엘과 미국의 동맹관계를 바탕으로 국내 정치질서가 중도 우파와 중도좌파로 나뉘어 치열하게 다투다가도 국가안보가 위중하면 곧바로 하나로 의견일치를 이루는 놀라운 정치력이 발휘되는 점이다. 미국 역시 민주당 공화당 나뉘어 있지만 국 가안보에는 뜻을 모은다.

가장 엄혹한 한반도 안보환경에서 우리는 국가안보는 아랑곳 하지 않고 오직 정권 쟁취에만 혈안이다.

이런 세월이 길게 가면 국민들은 금세 알아차리고 심판을 하 게 된다. 더구나 직업군인 집단은 상황을 예의 주시하고 있 다.

정치권의 바람이 워낙 거세니까 살짝 비켜서 있지만, 국가안 보가 정치로 말미암아 심각하게 흔들리면 국민의 어떤 요구 가 있지 않겠나? 별일 없기를 바라고 있다.

국민의 군대, 국민이 부름을 하면 어디든지 달려갈 준비가 되어 있는 군대, 그런 군대의 직업군인들이 더 이상 외톨이가 아닌 국민 과 함께 동행 할 수 있다면 단순히 민군관계 개선의 차원이 아니라 대한민국 성장 동력의 원천으로써 한 몫을 할 수 있다. 이들은 깨끗하고 순수하며 욕심이 없다.

사회 일각에서 벌어지는 위선이나 반칙, 자기 것만 챙겨 철옹성을 쌓는 이중인격자, 이들이 건전한 사회질서를 송두리째 흩트려 놓아도, 직업군인은 비록 늘 **'상 흑 수저'**로 살면서도 국민의 부름을 기다리며, 언젠가 국민과 함께 동행 하며 국가발전에 밀알이 되려고 한다.

아울러 직업군인 집단에서 꼭 챙겨야 할 것이 있다.

국민과 억지로 동행 하려는 모습을 보이려고 쇼맨십은 하지마라, 일반 사회 조직이나 단체에서 군부대에 어떤 기여를 했다고 해서 그들을 불러들여 **'군대 계급장을 함부로 달아주는 일'**이 없도록 해라,

꼭 필요하다면, 그냥 군복을 입혀 동행을 하면 된다.

과거 2007년도에 국방부 훈령으로, 대령 이하 계급에 한해서 민간인에게 명예계급장을 달아 줄 수 있게 되어 있다고 한다.

최근 전수조사를 해 보니 소장에 이어 중장 계급까지 명예계급장을 달아준 적이 있었다고 하는데,

이것, 많이 잘못되어 있다. 이등병에서 중령까지는 달아줘도 된다는 뜻이고, 가만히 두면 대장까지 달아줄 판이다. 착각은 더 깊은 도그마(dogma: 독단적인 학설이나 신념)에 빠질 수 있다. 어떤 돌 머리에서 탄생시킨 것인지 모르나 이 또한 잘못되어 있다.

"**군인의 계급장은 요**", 그 계급이 무엇이든(이등병이든, 병장이든, 중사든, 준위든, 대위든, 중령이든, 소장이든, 중장이든), 계급장을 가만히 어루만져 보면 피부에 와 닿는 묘한 전율이 있다. 왜냐하면, 그 곳에는 그 사람의 피와 땀, 눈물, 영혼, 청춘, 포효(咆哮)와 절규(絕叫), 사랑과 우정, 전우애까지 뒤엉켜, 비로소 삼라만상(森羅萬象; 우주에 있는 온갖 사물과 현상)의 절대 경지에 도달한 숭고한 군인정신이 녹여져 있기 때문이다.

장병 만 명을 붙잡고 물어 바라. 자기 계급장을 함부로 내팽개치거나 소홀히 다루는 사람이 있는가.

과거 구타가 빈번한 시절에도 절대 계급장이 달린 부위를 건드리지 않았다.

특별히 군대에서 관등성명(官等姓名)을 댈 적에도 이름보다 계급을 앞세운다.

이렇듯 모든 계급은 하나의 성역이고 불가침의 영역이며 군인들은 이를 생명처럼 소중히 여긴다. 그리고 군인 상호간에도 서로 예의를 지키며 존중하고 있다.

"**값싼 동정이나 아부, 일순간 특정 개인의 영달을 노려, 허무하게 군의 자존심을 망가뜨리지 마라.**"

직업군인은 IQ보다 EQ가 필요하다.

· Intelligence Quotient(지능지수)
· Emotional Quotient(감성지수)

일반적으로 군대의 특성을 애기할 때, 한 뭉뚱그려서 외양만 바라보고 평가하는 경우가 많이 있다.

오해의 소지가 많은 유형을 들어보면,
① 무뚝뚝하다.
② 주먹으로 담을 뚫을 듯 융통성이 없어 보인다.
③ 고지고식하고 말 수가 적다.
④ 직설적이고 타인의 말을 귀담아 듣지 않는다.
⑤ 일방적이고 무조건적이며 그냥 하라는 식이다.
⑥ 대화에 유머와 정나미가 없다.
⑦ 가정적이질 못하고 오직 군대만 생각한다. 등

이러한 **'오해의 소지'**는, 군대란 조직 또는 집단의 특성을 조금만 들여다보면 금세 왜 그런지 알 수 있다.

실제로 군대는, 여느 조직이나 집단보다 훨씬 더 차고 넘치는 다양성과 독특한 기질과 체질로 똘똘 뭉쳐져 있다. 어떻게든 이들을, 오직 국민만 바라보고 국가를 위해 몸과 마음을 바칠 수 있는 **'정예 군대 집단'**으로 재탄생 승화시키기 위해서는, 리드 격인 직업군인들이 일반사회에서 통용되는 일상적인 인간형으로는 불가능하다. 왜냐하면,

① **가장 혈기 왕성한 청년집단**
② **전국 각지에서 모인 결성 체**
③ **학력, 성품, 신체조건, 취미, 식성, 가정환경, 전역 후 희망 직종, 이성 관계 등 모두가 각양각색의 개성 소유자들로서 독특한 개인 이기주의적 특수집단**
④ **군대 내에서 부여된 각자의 임무 역시 모두 제 각각인 구성체**
⑤ **강한 자존심과 청년 집단 내에서 밀리지 않으려는 선의의 거짓말 난무 등**

이러한 전혀 다른 **'독특한 개체'**들을, 그 부대에 주어진 임무를 수행할 수 있도록 하나의 완성된 집단으로 만들어 단결된 힘을 발휘할 수 있고, 상호관계를 조화롭게 하여 전투력 발휘에 시너지 효과를 낼 수 있도록 하는 것,

아울러 사병들이 민간인 신분일 때 전혀 경험 해 보질 못한 공동

체의 힘, 즉 군대의 목표(적과 싸워 이길 수 있는 용기와 전투기술 함양)를 실현 시킬 수 있는 천하무적의 괴력을 만들어 낼 수 있도록 하는 것,

이를 완성하여 일사 분란한 군대의 모습으로 탈바꿈시키기 위해서는 IQ 좋은 직업군인만으로는 절대 불가능하고 EQ 좋은 직업군인이 많아야만 한다.

경험을 바탕으로 부연 설명을 하자면,

IQ 좋은 직업군인은 목표의식은 분명하나, 이를 위한 중지를 모으는데 빈틈이 많다.

① 주저주저하여 타이밍을 상실하기 일쑤이고
② 귀가 얇아(팔랑귀가 많음) 중론을 모으는데 어려움을 겪고
③ 출신별, 학교교육 성적에 대해 편파 지향적이고 호불호에 기준이 모호하다.
④ 자기중심적 결정으로 어떤 결과에 승복을 잘하지 않으며, 부하들 앞에서 상급자에 대한 노골적인 불평불만을 쏟아 내어 합리화를 시키면서, 아랫사람의 건전한 건의마저 묵살하여 적시적절하고 적재적소에 전투력을 동원하는데 실기(失機)를 많이 한다.

군대의 모든 과정은 일시분란하고 지휘통일이 이루어져서 **'분산'** **보다 '집중'을 해야 하고, '정적'인 것보다 '동적'**이어야만 소기의 목 표를 달성할 수 있다.

그러나 목표 달성 이전의 과정에서 상하좌우 유기적인 협조와 조 정 통제력을 상실하게 되면 모든 게 어긋나게 되어 있다.

목표 달성 이전 과정에서 조화를 이루기 위해 필요한 것은 조직원 이 자발적으로 참여하게 하는 것으로써, 바로 EQ의 발현 능력이다.

이른바 자신을 낮추기도 하고, 지는 척 이기기도 하며, 설득과 감화로써 부정적인 사고를 긍정의 광장으로 끌어낼 수도 있는 지혜 를 발휘하려면 반짝이는 지능이 필요한 것이 아니고 솔선수범과 진 두지휘로써 직업군인 자신을 희생시키는 총합된 감화력이 몸소 배 어나와야만 한다.

IQ 좋은 사람은 위 몇 가지를 건너뛰면서 종점에는 이르되, 총합 된 능력이 아니라 자신의 발군의 지적 능력이 결정적인 결과를 획 득한 것이라 과대 포장하면서, 아랫사람의 것을 과소평가하고 무 시하는 경향이 있다.

"그렇다고 해서 직업군인에게 IQ가 소용없고, IQ가 낮아도 된다 는 의미는 결코 아니다."

현재 직업군인 선발 과정에서 공개 시험을 통과하는 수준이면 무슨 임무라도 수행할 수 있다. 다만 **'학교교육 과정에서의 평가 기준에 관심'**을 두어야 한다.

그 과정에서 상위 5% 이내 수준을 너무 과대평가 하고 나머지 95%를 대충 바라보는 시선을 바로잡아야 한다.

아울러 이를 진급 선발에 절대적으로 반영하는 제도를 바꿀 필요가 있다. 즉 80% 이상을 모두 상(上)급으로 분류하고 나머지는 모두 중(中)급으로 분류해서 성적으로 인한 인성의 마모와 결핍을 근본적으로 방지해야 한다. 가뜩이나 삭막한 군대 분위기를 학교 교육을 통해서 일신시킬 필요가 있다.

우리가 일반 학생들에게 하고 있는 말 중에 '행복은 성적순이 아니다.'라는 말을 하듯이 군대 내에서 직업군인에게 **'성적은 업무 추진 능력을 좌우하지 않는다.'**라는 말을 꼭 해 주고 싶다.

사관학교를 나와서 장군이 되는 사람 중에 학교 시절 성적이 상위 5%가 장군이 되는 비율은 10% 미만이고(필자가 합참 인사담당 시절 경험한 비율 임), 대부분 학교 시절 또는 그 후 임지에서 다양한 경험과 교류를 쌓은 사람들이 부대 근무성적도 우수하고 상하로부터 신뢰와 존경을 받아 승진으로 이어지는 것을 볼 수 있었다.

요약을 하자면,

어렵고 힘든 조건(환경)에서 생활하는 장병들에게 가장 깊게 와 닿을 수 있는 지휘기법은 '**역지사지(易地思之: 처지를 바꾸어서 생각해 봄)**' 해서 장병을 포근히 감쌀 줄 알고, 모든 애로사항을 해결해 줄 수 있다. 예상치 못한 어려움에 봉착했을 때 내가 나서서 모든 책임을 지겠다. 는 등

믿음과 신뢰를 달콤한 말로만이 아닌 몸소 실증적으로 보여 주는 것이다.

이것을 IQ 좋은 사람들은 할 줄 모르고, 할 수도 없고, 알면서도 하질 않는다.

그냥 휘몰아치고 나가면 군대니까 따라오겠지, 하며 막무가내식이기 때문에 정나미가 없으며, 주변 부대환경이 늘 정서가 메말라 있다. 어쨌든 아랫사람은 새빠지게 충성을 해도 당연한 것으로 돌리고, 이들 대부분은 복무를 마치고 어쩌다 마주쳐도 본체만체, 데면데면 지나쳐 버린다.

그러나 EQ가 풍부한 사람들은,

내 입에 들어가는 것 보다 부하 장병의 입에 먼저 들어가도록 하고, 어려움이 있으면 불현 듯 나타나서 진두지휘하며, 모든 책임을 자신에게 돌리면서 부하 장병들의 어깨를, 가슴을, 머리를 편안하게 해 준다.

그리고 복무를 마치고 헤어진 후에도 언제 어디서 만나든 안부를 묻고, 약소하게라도 조촐한 식사와 반주를 곁들이는 잔정이 넘친

다. 그러니까 이런 유형의 직업군인은 차 상급 지휘관도 먼저 알아 보게 되고 자연스럽게 좋은 평가를 받게 되며 승진도 빠르게 된다.

여기에서 필자의 경험사례를 들어보려고 한다.

필자가 합참 '인사 주무 장교' 시절 같이 근무하게 된 과거 상관 두 분의 애기이다.

먼저 한 분은 대령으로서 장군을 바라보고 열심히 근무하고 있었다. 이 분은 과거 베트남전에서 중대장과 소대장 사이였으며 필자가 6개월 정도 먼저 근무하고 있었기에 각종 작전에 첨병 소대로서 임무를 수행했고 중대장의 작전을 앞장서서 해결해 나갔다. 세월이 흘러 필자는 중령으로 그분은 대령으로 우연히 모처에서 만났다. 반갑게 인사드렸고, 데면데면 헤어졌다. 그 후 소식이 없다가 합참에서 만났다.

장군을 바라보는 대령으로서 인사주무가 과거 부하였으니 이 얼마나 반가운 일인가. '밥한 번 먹자'는 얘기 없이 그냥 지나치고 있었다. 필자 역시 바쁜 직책이라 시간이 흘러갔고 그 분은 승진에 누락되고 전역을 했다.

또 한 분은 준장으로서 사단장을 바라보며 최선을 다하고 있었다. 이 분이 사단 작전참모 시절 필자는 교육과장을 하였다.

대략 1년 정도 같이 근무하는 동안, 야전군 사격대회에서 GOP 사단이 전군 2위를 했다.(3군사가 없던 시절 임) 당시 사단장은 군 사령관으로부터 극찬을 받았고 흥분을 감추질 못할 정도로 부대에 경사가 났다. (이 당시 사단의 슬로건이 '잘 걷고 잘 쏘자'로써 필자가 만들어 사단장께서 호응했고, 전부대가 따랐다. 당연히 교육과정에 반영도 되었다.)

모든 사격대회 준비를 필자에게 맡겨두고 아무도 관심을 갖지 않았다. 최전방, 그 중에도 가장 넓은 전선을 담당했던 사단으로써 기대는 아예 없었기 때문이다. (참모는 여기에서 대령으로 승진) 이 후 헤어 졌고 합참에서 만났다.

필자가 인사드렸지만, 언제 밥한 번 먹자는 얘기 없이 일상적인 근무로 이어졌고, 필자 역시 그냥 일상적으로 지나쳤다.

이 분 역시 그렇게 전역을 했고 이 후 소식에도 관심이 없었다. 그 후 필자가 근무하는 안보관련 연구소에서 예비역 장군들에게 연구용역 프로젝트를 수행하면서, 1인 당 몇 백 만 원과 연구실을 제공하는 사업에도 필자는 연락을 하지 않았다.

왜 이런 현상이 벌어지게 되는 것인가!

위 두 분 모두 사관생도 시절 성적도 우수하였고 그 후 학교교육

성적도 우수하였다는 것을 필자는 잘 알고 있다.

과거 같이 근무할 적에도 업무역량에서는 이따금 반짝이는 아이디어를 수차례 제공한 기억은 있다. 하지만 사사로운 정이나 아랫사람을 헤아리고 배려하는 마음은 "1"도 없었다.

따라서 전혀 다른 상황에서 만난 우리 관계를 여전히 옛 생각만 하고 있었고, 자기 윗사람에게만 뭘 잘 해보려고 발버둥치는 모습이 애석하게 보였다. 필자는 그들에게 과감하고 냉정하게 대했다. 필자 혼자서 인성을 개조할 힘은 없겠으나 더 이상 몰인정의 세월이 영속되어 또 다른 군 후배들에게 세습되는 악순환만은 막아야 한다는 생각이 앞섰던 것 같다.

필자 자신의 자기관리 역시 부족한 점이 많이 있다.

적당히 타협하고, 불의에 순응하면서 굽히고, 낮추어 지냈어야 하는 **'맹종정신'**, 이것이 많이 부족했다.

합참 인사주무시절, 00회 출신 육본 0000실장이 000를 받아서 보직을 주라, 고 했을 때, 순순히 받아 보직을 주었으면 군 생활이 순탄 했을 터인데 …

당시 그 실장의 말을 거역하는 것은 곧 죽음과도 같았던 시절인데 필자는 아무런 배경도 없으면서 공명심 하나로 거역해서 00회의 공공의 적이 되어버렸다.

"머리 좋은 사람들의 대다수는 왜 정이 없을 까!
왜 주변을 아우르면서 함께 가자고 나서질 못할 까!
그 옛날 전우를 어쩌면 저렇게 냉 냉하게 대할까!"

이것이 딜레마이고, 군대에서 더 이상 크질 못하는 한계에 부닥
치며, 조직 전체를 침체의 늪으로 몰아가는 악순환이 이어 지는 것
이 못내 아쉽고, 그들의 인생이 서글퍼졌다.

필자에게 좋은 말씀을 해 주신 육사 출신 한 분이 계신다.

이 분은 생도 시절 럭비선수로서 스크럼 센터 역할을 했고, 임관
후 서울대에 위탁교육을 받으면서 특이하게 국문학을 전공했다. 그
분이 대대장 시절 필자가 작전장교로 근무할 당시에 왜 하필 국문
학을 전공했느냐고 물었다. 단호하게 인재를 선발할 적에 **'신언서판
(身言書判: 용모, 말씨, 문필, 판단력)'**이라고 했다. 국문학에는 여
기 두 가지가 포함되어 있다. 고 말씀하셨다. 아울러 '용모와 판단
력'은 '말씨와 문필'이 갖추어지면 따라오게 되어 있다고도 했다.

필자에게 틈이 있을 때 마다,

① 부하(후배)에게는 늘 네가 먼저 베풀어라 그리고 공개적으로
   미워하거나 싫은 표정 짓지 마라.

② 부하가 밥 사고, 술사고, 뭘 싸들고 집에 찾아오게 하지마라

③ 부하 가족 역시 사적으로 집에 드나들게 하지마라.

④ 조금 더디더라도 감싸 안고 같이 가도록해라.

⑤ 말과 글을 짜임새 있게 하면 부하로부터 존경, 상관으로부터 신뢰를 받는다.

⑥ 중언부언 하지 말고, 목소리에 떨림이 없도록 하고, 거침없이 당차게 밀고 나가도록해라.

또한 이 분은 사단 작전참모를 하면서 과거 필자가 대위 시절 **'보안사 요원으로 차출'**되었을 때, 너는 그런데 가는 게 아니야 하며 중단시키고, 사단 교육과장으로 데리고 간 분이다.

그 당시에 보안사 요원으로 차출되면 누구나 감지덕지하고 우러러 볼 시절이었고, 참고로 필자 대신 차출된 사람은 훗날 보안사령관까지 지냈었다.(당시 선발 방법은, 군단 보안부대장〈육사 11기 대령〉이 5명(육사3, 일반2)을 대상으로 면접을 통해 필자가 선발됨, (이후 과정 생략) 작전참모와 함께 사단 참모장(육사 11기)실에 도착하여 필자를 소개하고, 세워 둔 상태에서 군단 보안부대장에게 전화해서 차출 취소를 요청 함.

"이 분은 시국의 흐름을 잘 못 만나 '준장에서 소장 계급을 달아 주면서 전역'하여 대사로 나가게 되었다."

　군대나 어떤 조직에서 발군의 실력을 발휘하고 그 조직을 살찌게 만드는 사람의 대부분은 EQ가 왕성하고 충만한 사람들이 많다. 사회가 다양화되고 복잡다단하여 이해관계와 매듭이 뒤엉켜 있을 때 슬기롭게 풀어 나가는 실력은 IQ보다 EQ에 있다. 특별히 군대 집단에서 직업군인은 혈기 왕성한 청년 집단을 조련하여 무적의 검투사로 양성하기 위해서는 절대적으로 EQ가 충만 되어 있어야 한다.

　상급 지휘관 또는 인사관리를 담당하는 측에서 IQ 결과에 의해 나타난 성적을 우선 시하는 경향을 접어야 한다.

　특별히 학교교육에서 성적이 우수한 사람은 그 나름 대로 별도 관리를 하되, **'성적이 승진의 승패를 좌우하는 시스템은 확 바꾸어 놓아야만'** 직업군인의 인성이 조직을 살찌우게 하는 선 순환의 구조로 변하게 된다.

"군대가 강군이 되고, 사회가 다양성이 만개되도록 하는데 필수적인 것은 바로 EQ이다."

직업군인이 꼭 알아야 할 것

- 전쟁(전투)의 본질과 특성
- 전쟁의 원리 · 원칙
- 전쟁의 승리 요결(要訣)
  ▲ 명장들의 승리 사례
  ▲ 베트남전 경험 사례

" 전쟁이란, 상대방의 의지를 굴복시키고
자기의 의지를 강요하기 위해
힘을 사용하여 승리를 다투는 행위이다.
따라서 '전쟁의 본질'은 오직 힘이고,
그 힘을 최대로 발휘하는 것을 말한다. "

전쟁(전투)의 본질과 특성

전쟁의 본질

본 단원은 필자의 이전 서적 '국운. 한반도 전쟁 무서워하지 마'에서 한 번 다룬 것으로써 직업군인들의 기본 소양 향상에 도움이 될 것으로 판단하여 전재하였다.

전쟁은 신의 영역인가? 일반 사람들은 도무지 그 세계를 이해할 수가 없다.

그냥 서로 인정하면서 잘 살아가면 될 것을 꼭 피를 봐야하고 소기의 목적을 달성해서 항복을 얻어 내야만 직성이 풀리니 말이다. 필자는 평소 전쟁광들을 일컬어 '조직폭력배와 악성 사채업자'에 비유한다, 이들은 자기들이 세워놓은 목표, 예를 들어서 A라는 유흥업소를 빼앗아야 되겠다. 대부이자로 연리 480%를 받아야 되겠다. 라고 설정하면 그게 법이고 그만이다. 그들이 나가는 길에는 타협이 있을 수 없고 오직 쟁취만 있으며 그를 위해 온갖 수단과 방법을 가리지 않는다. 전쟁은 비록 불확실하고 모호하고 예측할 수 없지만 신의 영역이 아닌 철저한 이해관계가 얽힌 '인간관계의 충돌'이고 그 중심에는 국민의 의지와 군대가 있고, 정치 지도자가 있다.

그렇다면 전쟁을 업으로 삼고 있는 군대는 전쟁을 어떻게 생각하고 있는가? 모든 게 애매모호 한 것은 매 한가지다. 다만 군인은 내가 복무하고 이 순간 전쟁이 일어난다는 전제하에 복무를 하고 있고 일반인들은 설마 내가 살아 있는 동안에는 전쟁이 일어나지 않겠지 하는 막연한 전제를 깔고 살아가고 있다. 만약 군대가 일반인과 같은 생각을 0.001%라도 생각하고 있다면 그러한 군대를 가지고 있는 국민은 불행한 국민이고 전쟁의 화마에 휩싸일 공산이 매우 큰 운명을 지니고 살아가게 된다.

군대가 한 치의 순간도 방심하지 않고 본연의 임무에 충실하여 국민을 안심시키기 위해서는 군대에게만 모든 책임을 돌려서는 안 된다. 건강한 군대는 건강한 국민으로부터 탄생되기 때문이다. 군대가 스스로 자신에게 불만을 가지게 되고, 미래를 예측할 수 없어 하나의 직업인으로서 자존감을 잃어버릴 때, 겉보기는 반듯해 보이지만 내막은 심약해져서 국가의 부름이 있을 때 즉각 반응을 보일 수 없게 된다. **"새파랗게 젊은 나이에 하나의 직업으로 군문(軍門)에 들어서서 청춘을 불사르다가 어느 날 문득 뒤돌아보면 저 만큼 외딴 길에서 이방인 마냥 서러운 여정을 걷고 있는 자신을 발견**

하게 된다. 그 땐 이미 모든 기회를 상실해버려 세월의 흐름에 무게를 싣고 그냥 흘러간다." 돈벌이 기술도, 모아 놓은 돈도, 집도 절도 없는 방랑자처럼 되어 있다. 각박하게 책정되어 있는 정년(停年)에 내동댕이치듯 삭막한 세파에 내몰려 새로운 인생을 개척해야 한다. 내가 결심한 길이기에 그 누구에게도 원망 하지 않는다. 밑바닥부터 해쳐나가면서 겨우 보통의 삶을 유지 해 보려는데 왜 그리 덫이 많은지 선배들의 한탄을 들어보면 군 생활 할 맛이 나지 않는다. 미국은 직업군인으로 있다 나오면 70% 이상 대부분 제2의 인생을 개척할 수 있도록 사회보장이 되어있고 사병으로 복무해도 재취업에 인센티브가 잘 보장 되도록 하는 국민적 합의가 되어 있어서 물 흐르듯 시스템이 작동된다는데… 아마 그래서 세계 최강의 군대가 되어 있고, 국민들도 군대를 믿고 안심하고 생업에 종사하면서 세계 1등 국민으로서의 자부심을 느끼면서 살아가고 있나 보다. 전쟁은, 전쟁을 업(業)으로 삼고 있는 사람들이 제 몫을 다 하면 싸우면 이길 수 있고, 싸우지 않고도 이기는데 절대적 역할을 하게 된다. 이들은 엄청난 그 무엇을 바라지 않는다. 뒤 늦게 사회로 방출되었을 때, 조그마한 사회보장제도라도 마련되어 있으면 현역에 있는 동안 국가와 민족을 위해 모든 것을 바칠 자세가 되어 있다. 이같이 아주 간단한 방비책이 우리 주변에 있음에도 불구하고 우리는 자꾸만 먼 길을 걸어가려 하고 색다른 비책 마련에만 노력을 소진하고 있다. 역대 국군통수권자(대통령), 국방 수뇌부 이들은 그간 무슨 꿈을 꾸고 무엇을 했는지? 묻지 않을 수 없다.

국가와 민족, 국민의 생명과 재산을 지킨다는 일념 하나로 군문에 들어선 직업군인, 혈기 왕성한 절정기의 한 시절을 군에 몸담고 있는 꽃다운 청춘들, 이들에게 조금만 시선을 돌려 포근히 감싸주면 북한의 어떠한 경거망동하는 행동에도 안심할 수 있는 든든한 언덕이 바로 우리 곁에 있는 것을 우리는 그냥 이들을 방치하고 방관만 하고 있다.

북한의 각종 도발이 빈번하게 발생하고, 주한 미군 감축과 철군이 쟁점이 되던 시절에 자주국방과 국민적 안보의식 고취를 위해 시도했던 박정희 대통령의 대표적인 부국강병의 사례가 있다. ROTC 창설(1961년 6월1일), 베트남파병(1964년 9월11일) 그 후 군의 현대화, 향토예비군창설(1968년 4월1일), 3사관학교창설(1968년 10월15일), 비상기획위원회창설(1969년3월 그 후 2008년 행안부로 흡수), 교련교육 부활(1969년 1월9일 그 후 2007년 폐지) 등 그러나 이른바 '군사문화'라는 비판적이고 탈 문화적 인용어로 두루뭉수리하게 엮어서 각종 제도가 야금야금 퇴락의 길로 향하더니 이미 많은 것들이 살아졌다. 이렇게 되도록 인도한 세력들이 창궐하여 **'국가안보 경시 풍조가 흐르고, 북한이나, 공산주의 국가와 말문 좀 트였다.'** 해서 전쟁이 살아지고 곧 평화의 물결이 도래하는 것처럼 국민을 호도했다. 그 세월이 흐르는 동안 우리사회 곳곳은 물렁물렁해졌고 오늘날 국가안보와 국민의 안보 공감대라는 한반도 안보환경에 어두운 그림자가 드리워졌다.

전쟁은 평상시 세상이 잘 돌아가고 있을 때, 준비를 해 두어야 한다. 똑 같은 의미인 '유비무환'이란 용어를 우리는 잘 알고 있다. 전쟁을 준비한다고 법석이는 모습을 부끄러워하고, 남이 볼까 주뼛주뼛 하고, 전쟁관련 직위에 근무하는 것을 창피하게 여기고 또는 그들을 홀대하고, 이 분야에 투자하는 것에 속상해 하는 풍조가 만연되기 시작하면, 이러한 기간이 길어지면, 바로 그때가 상대에게 전쟁을 일으킬 빌미를 제공해 주는 절호의 기회가 된다.

다시 말해서 절박한 안보환경을 지닌 국가의 국민은 위와 같은 행위들이 자연스럽게 생활의 일부분이 되어 유사시 적절한 행동이 몸에서 자동으로 배출되도록 습관화 되어 있어야 한다. 이것은 결코 부끄러운 일이거나 타인의 눈치를 봐야하고 체면을 구기는 일이거나 개인적 시간의 낭비도 아니고 더더구나 국 격에 손상이 가는 일도 아닌 숭고한 애국애족정신 그 자체이다.

자꾸만 이스라엘 민족의 예를 들게 되지만, 그들은 평소에 자유와 평화 세속적 즐거움을 만끽하면서도 그들의 차량과 시설물 등, 개인재산에 전시에 동원된다는 지정번호가 부착된 것을 자랑스럽게 생각하고, 외국에 유학중인 학생들이 모국에 동원령이 선포되었을 때, 책가방을 팽개치고 너도 나도 공항으로 몰려드는 것을 영광스럽게 생각하고 있다. 이런 모습을 바라보는 상대 국가에서는 지레 겁을 먹고 전쟁을 일으킬 꿈을 접게 되거나 자멸하게 된다. 이러한 일연의 행동계획들이 모이고 쌓여서 바로 '전쟁의 본질'에 이르게 되며 그 비방을 찾아가는 길이 우리에게 절실히 요구되는 대목이다.

불행하게도 내가 살아 있는 동안 한반도에서 제2의 한국전쟁이 또 일어나게 될까, 그렇다면 왜 일어나고 어떤 모습의 전쟁이 될까, 막을 방법은 없을까, 무척 궁금하여 한국과 북한의 입장 차이를 개략적으로나마 먼저 살펴 볼 필요가 있다.

첫째, 한국 입장에서 ① 북한을 우습게보고(경제력, 재래식 군사력 면) 전면전쟁은 아예 불가능 하다고 보고 있다면, ② 국지전(연평해전, 천안함 폭침 등)은 예상 되지만 더 이상 확전은 없을 것으로 보고 한미동맹 관계의 약화를 스스로 자초 한다면(전작권 환수, 이로 인한 한미연합사 해체, 나아가 주한미군 감축 또는 철수 등), ③ 각종 복지 및 교육예산 등의 수요 폭증으로 인한 재원 염출을 위하여 국방예산의 삭감과 군사력건설의 정체 또는 퇴보를 하게 되면, ④ 국방개혁을 한답시고 육군의 전력증강에 마구 손을 된다면(사병복무기간 단축, 병력감축 등), ⑤ 종북 또는 친북 세력이 활거하면서 한국사회 곳곳을 혼란에 빠트리고 이를 견제할 공적기관들이 사명감을 잃고 퇴행을 하면서 본래의 기능을 상실하고 있다면(대공부서, 학교교육, 언론/문화 분야 등),

북한으로 하여금 전쟁에서 승리할 수 있다는 나쁜 정보를 제공하게 되어 한국 스스로 전쟁을 불러일으키는 결과를 초래하게 된다.

둘째, 북한 입장에서 ① 남조선에 대해 늘 공세적 절대 우위의 전략을 구사해 왔다. 어떤 국지적 충돌에서 설령 北측이 더 많은 사상자가 발생해도 전혀 미동도 하지 않는 모습을 보임으로서 앞뒤가리지 않는 모습에 남조선사회를 더 불안하게 만든다. ② 한국전쟁 후 70 여 년에 이르는 동안 씨앗을 뿌려 놓은 남조선 내 북의 열성분자들이(고정간첩, 종북, 친북세력) 쑥쑥 자라나서 남조선의 민주화 바람을 타고 곳곳에 뿌리를 내려 당당하게 목소리를 내는 모습에 남조선의 젊은이들이 동조를 하고 나아가 유사시 북한특수전부대원들의 남조선 침투에 양호한 발판을 제공해 준다면, ③ 남조선 언론, 다양한 각종매체, 이른바 얼치기 북한전문가들이 쏟아내는 숱한 자료들을 통해서 힘들이지 않고 남조선의 고급정보를 획득할 수 있다. 그러나 북한 내 정보는 쉽게 남조선으로 흘러 들어가지 않는다. 이른바 남조선의 인간정보(human-intelligence)가 북한에서 살아남을 수 없고, 북한 내 각종 매체는 모두 보도 관제를 하고 있다. ④ 북한은 군사력 감축은 꿈에도 생각해 본적이 없고, 그나마 경제 규모에 맞게 비정규전부대(특수전부대)를 다수 중, 창설하여 재래식 군사력건설 예산을 절감하는 특수한 메커니즘을 갖추었다. ⑤ 평소에 자연스럽게 군사력의 70% 이상을 평양-원산 이남으로 실전 배치함으로서 유사시 현진지에서 곧바로 남조선 공격에 가담할 수 있도록 전 전선에 전개해 두었다. ⑥ 최근에는 11회의 단거리 신형 미사일 실험으로 남조선과 주둔 미군 일본 주둔 미군 시설까지 겨냥한 최신 무기를 개발하였다. 즉 최고지도자의 명령만 있으면 바로 부대의 재배치 없이 기습적으로 남침(南侵)을 감행할 수 있다. 특히 재미있는 것은, 남조선 스스로 재래식 군사력이 북한 보다 우세하다고 판단하고 있다는 점이다. 이런 오판은 북한 입장에서는 전혀 손해 볼 일 없는 장사이다. 북한이 핵 및 대량살상무기를 개발해도, 재래식군사력을 증강해도 할 말이 없도록 남조선 스스로 분위기를 만들어 준 것이다. 재래식군사력도 북한 보다 우세하고 게다가 주한미군 까지 주둔하고 있으니 남, 북한 군사력 불균형(남조선이 절대적 우세)에 따른 안보딜레마 해소를 위한 자구책으로 핵 및 대량살상무기를 개발 하는 것이니 이를 국제질서의 자연스런 흐름으로 이해 해 달라는 것이다. 이렇듯 전쟁이 일어나는 것은 **'악성 정치지도자의 정치적 야욕'**에서 비롯되지만 그 바탕에는 피 침략국가 국민 스스로 빌미를 제공해 주는 경우가 대부분이다. 한반도가 역사적으로 960여 회의 외침을 받은 것은 대부분 우리 자체의 준비 부족에서 시작 되었다. 조정에서의 호국의지 부족(오늘날, 정부에서 유비무환의 안보의식 부족), 사색당파의(오늘날 지역 정당과 흡사) 국론 분열, 경제력 미흡, 외교력 미흡, 부정부패의 만연, 등 오늘날에 국제관계의 흐름과 일치 한다.

이를 학술적으로 정리를 해보면, 제1차 세계대전 당시 연합군 사령관이던 프랑스의 포쉬(Foch) 원수는 「전쟁 술(術)은 예술과 같이 스스로 원리를 가지고 있다. 만약 그렇지 않다면 전쟁은 술이 아니다. 전쟁은 배울 수 있으며 또 배우지 않으면 안 된다. 병술 연구의 기초는 광범위 하고, 보다 깊은 전사 연구를 통해서 전쟁의 본질을 이해 하는 데서 비롯된다.」라고 하였으며 또 전쟁의 원칙에 대하여 「안(知)다는 것이 바로 그것을 할 수 있는 능력이 되는 것은 아니다. 그러나 아무것도 알지 못하면서 단숨에 어떤 능력에 도달할 수는 없는 것이다. 그러므로 우선 안다는 것이 필수 조건이 되는 것이다. 알고 있으면 확신을 갖게 되고 확신은 실전에서 명확한 판단을 내리게 한다.」라고 하였다. **또한 손자(孫子)는「아는 자는 승리 하고 모르는 자는 승리 하지 못 한다」(知者勝 不知者 不勝) 라고 하였다.**

이는 동서를 불문하고 전술을 배우는데 있어서 전쟁의 원리·원칙을 명백히 알고 자기를 능력화 시키는 것이 얼마나 중요한 것인가를 지적한 명언이라 할 수 있다. 본 문은 '일본 육상자위대 간부학교 전리연구위원회가 편찬(양창식 역)' 한 것으로서, 1차 세계대전 이후 지상전에서 단 한 번도 패한 적이 없는 그들의 전쟁역사에 대해서, 전쟁(전투)원칙에 관한 한, 우리와 유사한 일면을 찾을 수 있고 향후 그들의 군사력 행보와 의도를 읽는데 참고적 가치가 있다고 본다.

전쟁이란 무엇인가?

전쟁이란 피아간(彼我間 : 그와 나 사이) 의지의 충돌이며 신념의 투쟁이다. 승리는 적의 의지를 분쇄하고 그의 신념을 파괴한 자에게 돌아간다. 즉 전쟁이란, 상대방의 의지를 굴복 시키고 자기의 의지를 강요하기 위해 힘을 사용하여 승리를 다투는 행위이다. 따라서 '전쟁의 본질'은 오직 힘이고, 그 힘을 최대로 발휘 하는 것을 말 한다.

그 목적은 적의 저항력을 파괴하여 자기의 의지에 복종 시키자는 것이며 그 수단은 힘을 사용하여 적의 전투력(유형, 무형)을 파멸 하는 것이다.

요컨대 승리를 획득하는 행위이다.

전쟁의 요소와 특성

① 전쟁에는 상대(적)가 있다. 게다가 피아(彼我) 자유의지를 가지고 있는 것이 특징이다.

② 피아 모두 상대방을 타도하고자 하는 의지를 가지고 있다.
 따라서 전쟁이란 피아 자유의지의 항쟁이며 승패는 그 어느 쪽이든 그것을 확신함으로서 얻어진다. 즉 이것은 상호간에 '신념의 투쟁'이라는 말로 표현 될 수 있다.

③ 상대의 의지를 굴복시키기 위하여 힘이 사용 된다. 전쟁을 위한 직접적인 수단은 힘이며 이 힘이 상대에게 발휘될 때에는 상대의 의지를 굴복시키기 위한 폭력적 효과로 사용하게 된다.

④ 전술 연구에 매우 중요하고 기본적 조건이 되는 전장의 실상이다. 전장의 실상은 위에 기술된 전쟁의 모든 요소로부터 발생하는 것이며, 시대에 따라서 또는 전쟁의 종류. 규모 등에

따라서 달라진다.

이들 주된 내용은, 전쟁이란 언제나 **상황이 불확실. 불안정. 불명료**한 것이어서 시행착오의 연속이며 생명에 대한 위험이 떠나지 않고 공포와 피로 등 정신적 육체적인 어려움에 직면하면서 모든 것이 예상한 대로 진전 되지 않는 것이 실상이다.

지상전의 특성

전쟁에서 지상작전이 갖는 본질적 역할은 인간을 지배하자는 데 있으며, 인간지배의 수단으로서 육지를 지배하는 것이다.

따라서 지상부대가 작전하는 환경은 지상이며 이 지상의 특성은 지상작전의 성격을 규제하는 지배적 요인이 되고 있다. 물론 과학기술의 발달은 지상의 각종 제약을 해방 시키는데 크게 공헌하고 있으나, 지상작전의 기본성격을 변환 시키는 데까지는 아직 이르지 못하였다.

또는 지상군의 작전환경은 부대 운용 및 지휘관의 결심에 영향을 미치게 하는 조건이 되며, 이를 구성하는 주된 요인에는 국가정책(정치. 외교. 경제. 군사. 과학, 사회, 심리 등), 작전지역, 적부대의 성격 그리고 무기체계 등을 들 수 있으나, 주로 지상작전의 원리 원칙에 관계되는 사항은 다음과 같다.

지상의 자연적 특성과 그 영향

　지상의 자연적 특성의 주요인은 지형, 기상이다. 지형과 기후 및 기상이 지상작전과 밀접하게 관련돼 있고 지상작전을 지배하고 있음은 분명 하지만, 일반적 특성에 관해서만 기술하고자 한다.

① 지형 특히 지표면의 복잡, 다양성

　지상은 지형의 고저기복, 지표면의 토질, 수계, 식물, 인공물 등 각종 요소가 복합되어 다양하고도 특색 있는 지형(지역)을 형성하고 있어서 지상작전 수행에 지대한 영향을 미치게 된다. 그러한 영향들이 반드시 지상군의 화력과 기동에 관계되는 것이지만 그것은 단순한 물리적인 영향에 그치는 것이 아니고 정신적으로 크게 영향을 주게 된다.

　보다 구체적으로는 시계, 사계, 탄도, 은폐, 엄폐, 등에 의한 화력발휘 및 효과를 증진하거나 제한하게 되고 토질의 견고성과 장애 등에 따르는 기동력 발휘를 촉진하거나 제한하게 된다.

② 기후와 기상이 미치는 영향

　명암, 강우, 강설, 바람, 혹한과 혹서 등은 지표면의 상태와 관련되어 화력과 기동에 영향을 미칠 뿐 아니라 전투원의 전투능력, 장비의 성능 등에 밀접하게 영향을 준다.

지상작전의 특색

① 지상부대 운용상의 특징

첫째, 작전의 중량 및 고정성

전투근무지원 시설과 전선의 단절 없는 연결의 필요성 및 그 부대가 갖는 운동의 중량으로 인해서, 전투력의 이동, 집중, 작전방향의 전환 등이 둔해 진다. 따라서 지상작전에 있어서는 부대의 규모에 따라 '부대의 중량'에 대하여 특별한 고려가 필요하게 된다.

둘째, 지역의 전투력 흡수성

작전경과에 따른 전선의 신장 및 전투지역의 확장에서는 병참지원의 유지, 지역 확보 등의 필요 때문에 최초전투력(인적, 물적)의 감소현상을 가져오며, 이것이 공격작전을 계속할 것이냐 아니면 방어를 취할 것이냐 하는 것을 결정하는 주요한 조건이 된다.

셋째, 지형의 전력화

지형과 그 자체 및 축성의 가치는 그것이 전투에 기여하는 가치를 결정한다. 즉, 방어의 가능성을 증진시키기도 하고 또한 적의 공격목표가 되는 가치를 발생케 한다.

넷째, 전투력의 지구성

지상부대의 전투력은 대공황상태(panic)가 발생하거나 또는 대량살상무기의 위력에 의한 경우가 아니고서는 붕괴되는 일은 없다.

다섯째, 정신력의 가치

각개전투원이 갖는 전장에서의 각 순간마다의 심리작용이 전체의 행동을 좌우 한다. 따라서 작전에 유리하게 심리를 작용케 하는 지휘관의 지휘통솔이 대단히 크다.

여섯째, 작전(전투)의 국지독립성과 중요성

대부대의 작전도 독립된 소부대에 의한 국지전투의 종합적 성격을 갖는다.

② **지상부대 구성상의 특징**

첫째, 전투력 구성요소의 세부 조직화

지역을 지배하기 위해서는 국지의 지배가 선행되어야 한다. 이 국지의 지배를 조직화하기 위해서는 소부대에 기초를 둔 각종 화력장비와 각 병과가 지상부대 구성상 필요하다.

둘째, 기동장비의 다양성과 양적 필요성

거리의 원근 또는 지형의 장애를 극복하기 위해서는 그 특수성에 알맞은 각종 기동장비와 일정한 량을 필요로 한다.

셋째, 병참조직의 복잡 방대성

지상작전에 있어서 병참지원은 국가의 물류기지로부터 각개 전투원에 이르기까지 일관된 지원체제로 되어 있어서 작전양상의 복잡 다양화, 전투지대의 확장, 장비의 현대화에 따라 그 조직은 복잡하고 방대해 진다.

요컨대 지상전의 특징은 지상전의 원리 원칙을 낳게 하는 근원이며, 그 원리 원칙을 이해하기 위해서는 지상전의 제반 특징에 대한 이해와 파악이 필요하다.

전투력의 의의

전투의 3요소

전투는 다음과 같은 3개 요소에 의하여 지배된다.

① **힘**(力, Energy) – 적을 타격하는 기본요소

② **시간**(Time) – 명암, 한서(寒暑), 맑고 비 옴(晴雨) 등 천연적 현상과 시기

③ **공간**(Space) – 지형의 특성과 같은 자연현상과 지대 및 그 형상

이상의 3개 요소는 상호 연관성을 가지고 전투의 본질인 힘(力)을 증대하거나 혹은 약화시키면서, 힘을 발휘함에 있어서는 상호 시너지 작용을 하게 된다. 과학기술이 발달한 현재에도 이들 요소의 상호관계는 여전히 존재하고 있다. 이들 요소 중에서 인력으로서 가장 용이하게 변화시킬 수 있는 **요소가 힘**이며, 전쟁에 있어서는 가장 관심을 가져야 할 것이 이 **힘의 요소**다.

전투력 이란?

전투는 자유의사를 가진 피아간의 항쟁을 말하는 것으로 그 항쟁은 상대방을 굴복시키고 자기의 의지를 실현시키기 위하여 사용하는 폭력행위이다. 즉 전투를 위한 3개 요소에서 전투의 직접적인 수단은 힘이다. 이 전투를 위한 힘(적과 싸우는 힘)을 전투력이라 한다. 전투력은 시대의 변천에 따라 그 중요성이 점차 증가되고 있으며 시간적. 공간적 요소의 중요성과 비교할 때 그 비율의 차가 더욱더 커져가고 있다.

전투력은 무형적 요소와 유형적 요소로 구분된다.

① **무형적 요소**

무형적 요소란 부대(군대)를 구성하는 개인과 단체의 심신 양면의 능력을 말하며 그 주요소는 부대(군대)의 정신력이다. 즉 그 요소는 첫째, 지휘통솔의 우열 둘째, 군기와 사기의 상태 셋째, 훈련의 정예성 여부 넷째, 단결과 협동정신 등이다. 상기 무형적 요소의 특징은 다음과 같다.

▲ 그 위력(작용)을 일정한 가치로 표시할 수 없고, 실전으로서만 증명할 뿐 기타 실험적으로는 증명할 수 없다.

▲ 사람과 상황에 따라 크게 변동한다. 즉, 잘되면 상승적인 위력을 발휘하게 되지만 잘못되면 크게 마이너스(−)로 작용하게 된다.

▲ 유형적요소와 불가분의 관계가 있으며 승패를 지배하는 근본요소이다.

▲ 지휘관의 능력은 그 부대의 정신적 요소를 소멸시키거나

드높이는 (造成)데에 크게 영향을 갖는다.

② **유형적 요소**

유형적 요소란 병력의 수적 다과와 물질의 질량을 말한다. 예를 들면 편성장비, 각종 병기의 성능과 위력, 그리고 수량 등이며 이는 살상력, 파괴력, 기동력 등의 물리적인 힘으로 작용하게 된다. 유형적 요소는 어느 정도 수치를 기준으로 확인 인식할 수 있으며 전투력의 기초를 형성하는 것이다.

전투력의 본질

전투력은 전투의 3요소 중에서 기초를 형성하는 것으로서 시간과 공간에 따라 급속히 그리고 끊임없이 변화하는 것이다.

전투력은 그 본질상 네 가지의 성질을 가지고 있다. 즉, 집(集)·산(散)·동(動)·정(靜)이다.

① 集 … 전투력을 집중하면 강해진다.

② 散 … 전투력은 분산하면 약해진다.

③ 動 … 전투력은 움직이면 강해진다.

④ 靜 … 전투력은 정지하면 약화된다.

전투력은 위 4성의 활용과 결합에 의해서 그 특색을 발휘하는 것이다. 아무리 우수한 전투력을 보유하고 있다하더라도 이를 분산시키거나 혹은 정지 상태에 두면 전투력은 충분히 발휘될 수 없는 것이지만 이를 집중시키고 움직이는데서 전전투력이 완전히 발휘

된다. 이와 같은 현상에 따라 적에게 타격을 가하려고 하는 경우 '集中 x 機動'의 전리가 생기는 것이며 공격이야말로 주동성(어떤 일을 주장(主掌)이 되어 하는 행동)을 확보하고 결정적 성과를 얻게 하는 최선의 방책이라는 것이 이 원리에서 나온다. 전투력의 강대 성은 승리의 기초적인 조건이지만 전투력의 성질을 알고 이를 교묘 하게 활용하는 것은 보다 차원 높은 승리의 성립조건이다. 따라서 강대한 전투력을 보존하면서도 이 원리를 잘못 적용하여 참패한 전 례는 수없이 많았다는 사실을 명심할 일이다.

기습(奇襲) 이란?

기습이란 적이 예상치 못한 곳을 찔러 적에게 대응할 수 있는 시 간적 여유를 주지 않음으로서 상대적 전투력의 우위를 확보 하고자 하는 것이다.

여기서 주의할 것은 초기에는 적이 예상치 못한 곳을 찌르는데 성공하였다 하더라도 적이 이에 대응책을 강구하여 상대적 전투력 에 있어서 계속 우위를 지속할 경우, 이것은 기습이 될 수 없고 단 순히 적이 예상치 못한 곳을 찌른 것에 불과한 것이다. 그러나 신 속 과감한 급습적 타격으로 적에게 대응책을 강구할 시간적 여유를 주지 않고 계속 상대적 전투력의 우위를 확보할 경우에 이를 기습 이라고 할 수 있다. 따라서 기습은 적으로 하여금 대응할 수 있는 시간적 여유를 주지 않음이 제일 긴요하며 이를 달성하기 위해서는 힘과 속도가 필요하다. 여기에 기습에 원리가 존재 한다.

- **현재 우리가 기습이라고 통상 쓰는 말의 내용은, 술에 의한 힘의 증진으로서,**

    ① 술을 중시하는 것 .... 기습

    ② 힘을 중시하는 것 .... 강습

    ③ 술과 힘에 의한 것 ....급습

위 3가지를 총칭하는 것을 말 한다.

기습의 종류

기습을 달성하기 위한 수단과 방법에는 여러 가지가 있지만 형태별로 분류하면 다음과 같다.

① 시기적 기습 ② 장소적 기습 ③ 양적 기습 ④ 전법적 기습

이 형태들은 어떤 것이든지 지형, 기상의 이용, 속도의 발휘, 기도비익, 기만, 수단, 방법의 변경 등에 의하여 달성된다.

기습의 효과

기습으로 기대하는 효과는 ① 정신적 충격을 통하여 적의 무형적 전투력을 삭감한다. 즉 지휘의 혼란과 사기의 저하를 도모하는 것이며

② 아군의 신속한 타격으로 적의 유형적 전투력(병력·장비)의

발휘를 곤란하게 하는 것이다. 즉 이 양자를 통합하여 적의 전투력 발휘를 현저하게 제한하고 아군 전투력의 상대적 우위를 획득하기 위한 것이다.

전례에서 바라 본 기습의 사례

① **시기적 기습 :** 제2차세계대전에서 독일군의 소련 침공, 한국 전쟁에서 북한의 남침, 미국의 사이판, 콰타가루카나루도 상 륙, 제2차 세계대전에서 일본군의 진주만 공습.

② **장소적 기습 :** 나폴레옹의 알프스산 침공, 인천상륙작전.

③ **전법적 기습 :** 제2차 세계대전에서 독일군의 전격전

④ **기술적 기습 :** 제1차 세계대전의 전차 출현, 제2차 세계대전 에서 원자탄의 최초 사용 등이다.

전쟁의 원리 · 원칙

　고전적 전쟁과 현대전쟁을 기록한 전사(戰史)를 공부한 사람이나, 직접 전쟁에 참여했던 사람, 군문에 종사 했던 사람, 이들 중에서 특별히 오랜 기간 한 분야에만 파고들어 논리를 정립한 사람들을 일컬어 우리는 **'전략가, 또는 안보전문가'**라고 칭한다. 단순하게 전사만 공부 했다고 해서, 전쟁에 참여해 무공 수훈을 올렸다고 해서, 군대에 오랜 기간 종사를 했다고 해서, 국내 · 외 안보관련 서지 좀 읽었다고 해서 위 칭호를 붙일 수 없다는 의미 이다. 전쟁은 살아 있는 생물과도 같아서 시시각각 변화하고 진화하기 때문에 국내와 국제관계 안보환경에 영향을 미칠 수 있는 각종 자료를 수시로 축적하면서 분석하고 검토해서 급변하는 안보상황에 대처할 수 있어야만 명실상부한 '전략가 · 안보전문가'란 칭호를 들을 수가 있다. 일반적으로 '군대와 안보'라고 하면 보수적이라는 딱지를 붙여서 무언가 정체되어 있고, 옛것만 고집하는 고집불통의 대명사로 치부하는 경향이 있다. 국민을 안심시키고 국제관계의 기 싸움에서 제압되지 않으려는 의연한 모습만 보여 주는 겉만 보고 판단하는 것이다.

국가안보 분야가 진보적이질 않고, 진화하지 않고, 변화하질 않고, 무사안일 하게 묵은 것만 가지고 적당히 보신하려 했다면 오늘날의 대한민국은 생각 할 수가 없다. 오늘의 친구가 내일에 적이 되는 세상, 변화무쌍한 군사과학 기술의 발달, 군사 메커니즘의 진화는 경이롭기만 하다. 이에 우리 국방메커니즘은 일분일초도 쉼 없이 돌아가고 있다. 한마디로 가장 보수적이면서 가장 진보적인 집단이 국가안보 분야 이다. 따라서 자신이 정치적으로 또는 이념적으로 진보든 보수든 좌파든 우파든 국가안보 분야에만은 멋대로 정제되지 않은 잣대를 들여 되지 말아야 한다.

대신에 민간안보 연구기관(특히 대기업에 안보 연구기관)들이 많이 생겨 나야하고, 각 대학과 대학원에 안보관련 학과가 많이 생겨서 활발한 토론과 연구가 쉼 없이 작동되어야 함은 물론, 언론기관에서는 이들의 생생한 현장 모습들을 국·내외에 널리 전파 해야만 한다. 여기에서 농익은 자료들과 군 관련 기관에서 생성된 자료들이 서로 만나서 상승 작용을 하면 국군 통수권자인 대통령은 이를 취사선택할 수도 있고, 필요시에는 이들 기관들을 통해 자신이 펼칠 국가안보에 대전략을 사전에 검증 받을 수도 있어서 국가 운명과 관련된 중대 사안에 대한 난맥상을 슬기롭게 극복할 수도 있다.

국가안보와 관련된 사항은 어느 날 문득 생각났다고 해서 당장 집행에 들어가면 100% 실패할 수가 있다. 관련 직위와 책임에 있는 사람은 마인드를 오직 한 곳에 집중해 있으면서 늘 시계 바늘처럼 맴돌고 있어야만 한다. 그래야만 전쟁이 발발 했을 때나 유사한 국지적인 사건이 발생 했을 때에도 진가가 나타난다. 한치 앞도 예측할 수 없는 상황 하에서 즉시적이고 즉응적인 행동과 결심을 하기 위해서는 평소 꾸준히 갈고 닦고 고민해 왔던 전쟁 원리ㆍ원칙들과 주변 안보환경들이 삽시간에 용출되어 차분하게 행동으로 옮겨 질 때 국민의 생명과 재산 나아가 영토를 보존할 수가 있다.

그동안 필자가 공부해온 여러 가지 전쟁 원리ㆍ원칙 중에서도 한국적인 안보환경과 흡사해서 후학들이 몸과 마음에 새겨 두면 유사시에 효용 가치가 있을 것으로 생각되는 내용들을 소개 하려고 한다.

전쟁 원칙과 경험 법칙

정치적으로 복잡한 소규모 분쟁들의 확산으로 전쟁을 이해하는 것이 점점 더 어려워지고 있다. 저자 James F. Dunnigan(역자, 김병관)은 현대전의 실제를 기술하면서 특별히 전쟁을 경험하지 못한 분들에게 많은 관심을 기우리고 있다. 비록 전쟁의 진행이 여전히 불확실성으로 흐려지고 허구로 혼란된다 하더라도, 진행과정에 대한 허구들이 전쟁에 대한 인식을 형성하는 수가 있다. 대중 매체는 많은 허구를 창조하고 존속 시키며, 이러한 허구는 저명한 전문가에 까지도 잘못 알려 주게 된다. 그러나 전쟁이 발발하면 이러한 허구들이 왜곡된 것임이 점차 명확해질 것이다. 이러한 잘못들 때문에 지도자와 시민들이 전쟁에 빠져들 가능성이 한층 커지며, 그들이 자초한 전쟁은 더욱 비싼 대가를 치르게 될 것이다.

역사에서 불변의 진리중 하나는, 어떤 국가든 간에 "승리가 가능하고 그것에 비용을 댈 가치가 있다."고 확신하지 않는 한 전쟁을 시작하지 않는다는 것이다.

실제로는, 전쟁이란 발발한 사람들이 들인 비용만큼 가치 있는 것이 결코 아니다. 전쟁을 선동한 자들은 반드시 후회하게 된다. 적의 침입에 저항하는 측은 조금 나은 결과를 맞이한다. 그러나 전쟁의 회피는 대체로 사람들에게 **"나쁜 것을 바로잡을 절호의 기회를 놓쳤다."**는 느낌을 남기곤 한다. 전쟁의 실상은 추악하고 파괴적이다. 그리고 어리석은 일로 기억된다. 그것도 살아남은 사람들에게만······ 시간은 우리의 기억을 흐려지게 하고 희망적인 허구를 만들어 낸다.

전쟁원칙

군사 심리에 대한 이해를 위해서는 군사 지휘관들이 수백 년 간 연구해 왔던 핵심적 진리들에 대해 정통해야 한다. 이러한 전쟁원칙들은 길고 긴 전쟁의 역사로부터 증류되어 왔으며, 진실을 반영하고 있다. 그 원칙들이 지켜지기만 한다면, 싸움은 아마도 크게 감소할 것이다. 우선적으로, 전쟁원칙은 **"자신이 하고 있는 일을**

잘 알아야 한다. 아니면 자기 업무를 적어도 상대방보다는 더 잘 알아야 한다."고 권고한다. 이러한 전쟁원칙들은 국가에 따라 약간 다르게 성문화되어 적용되고 있지만, 보편적이고 중요한 원칙들은 다음과 같이 정의할 수 있다.

① **집중 (Mass)** : 이것이 '**최대 전투력으로 최초 도착**'이란 미국 금언에 의해 잘 요약되고 있다. 우세한 부대만이 싸움을 압도하고 이길 수 있으며, 대체로 승리는 전장에 최대 전투력을 투입한 측에게 돌아간다.

② **지휘통일 (Unity of Command)** : 군대는 항상 거대한 조직이며 대체로는 한 지휘자가 지휘 통제할 수 있는 규모를 초과한다. 그러므로 지휘자는 부대 내의 서로 다른 목적으로 작동하는 각 부분들을 다룰 수 있는 준비를 해 두어야 한다. 수개의 부대들이 하나의 계획을 알고 수행할 준비를 해야 하고, 그 계획 수행이 곤란할 때 사전 준비된 다른 방책을 수행해야 한다. 그래서 이 원칙은 실행하기 가장 어려운 것 중의 하나이다.

③ **목표 견지(Maintenance of the Objective)** : 이것은 전장에 나가는 이유를 선택하고 그것을 지켜나가는 것을 의미한다. 전쟁에서 지휘관은 통상, 전개 중인 상황에 대한 첩보를 잘 획득하지 못한 채 작전에 임하게 된다. 상황이 계속 반전되기 때문에 목표를 바꾸고 싶은 충동이 생기겠지만 바꾸게 되면 시간과 힘을 낭비하게 된다. 아랍-이스라엘 전쟁에서 하나의 실례가 발견된다. 이스라엘 군은 우회공격 하는 아랍 군을

포위하려는 유혹을 뿌리치고 그들의 목표를 끝까지 견지하였다. 이러한 올바른 태도는 항시 더 큰 아랍군부대를 격파하게 하였다. 대조적으로 1973년의 이집트 군은 수에즈 운하를 도하한 후에 그들의 계획을 바꾸어 버렸다 .이스라엘 군의 반격에 대비하지 않고, 오히려 더욱 공격 기세를 유지해 나갔으며 그 결과 큰 손실을 입었고, 결과적으로 이스라엘 군의 성공적인 수에즈 도하를 도와주게 되었다.

④ **절약 (Economy of Force) : "한 바구니에 계란을 전부 다 담지 말라"**라는 말로 알려져 있다. 어느 누구도 모든 일을 수행할 만큼 충분한 자원을 갖고 있지 못한다. 그렇다고 해서 이는 소부대를 사용하라는 것과는 다른 의미이다. 주요 작전에는 집중적인 부대 투입이 요구되며, 그것은 대규모의 예비대를 보유함으로써 달성될 수 있다. 투입된 모든 부대가 일단 전선에서 고전을 하게 되면, 예비대만이 위기를 극복하고 생존을 확보하게 해준다. 실례로서 제2차 세계대전 기간 동안 독일 육군은 상황이 아무리 절망적이더라도 예비대만은 반드시 유지하였다. 이러한 습관만으로도 최소 1년간이나 더 전쟁을 연장시켰던 것 같다. 전투력의 절약은 최대의 성과를 달성해야 하는 곳에 충분한 전투력을 집중시킬 수 있게 해준다.

⑤ **융통성 (Flexibility) :** 이것은 목표(목표견지)의 원칙과 모순되는 것처럼 보이나 그렇지 않다. 계획과 사고와 행동에서의 융통성은 상식으로 알려져 있다. 목표의 원칙은 명백한 것까지

무시하라는 뜻은 아니다. 한 마을을 탈취하도록 명령을 받았을 때, 마을을 바로 공격하는 대신에 먼저 마을을 포위한 후에 모든 방향으로부터 공격하는 것이 가장 용이한 방법이라고 결정할 수 있는데, 그것이 바로 융통성인 것이다. 만약에 마을 주위로 이동하는 동안에, 적의 대규모 구원 부대가 접근하는 것을 발견한다면, 적의 두 부대가 결합되기 전에 구원 부대를 공격하러 갈 수 있다. 이것이 바로 융통성과 목표 견지를 동시에 구현한 것이다.

⑥ **주도권 (Initiative)** : 최대 전투력으로 최초로 도착하고 그 상황을 활용하는 것은 전투 지휘자의 중요한 자질이지만, 이 자질을 모든 사람이 다 갖추고 있는 것은 아니다. 대부분의 경우에 먼저 착수하게 되면 상대방이 이동과 계획에 대응할 기회를 갖기 어렵게 할 것이다. 항상 무엇이 일어나기를 기다리는 지휘관들은 대체로 패배하게 된다. 사실상, 기습이란 두 부대 간의 주도권에 극심한 차이가 있는 것에 불과하다.

⑦ **기동 (Maneuver)** : 만일 부대를 이동시키지 않으면, 겨우 교착 상태를 조성할 수 있을 뿐이다. 그것으로 충분할지는 모르지만, 보다 좋고 더욱 필요한 것은 승리이다. 이기기 위해서 계략으로 상대를 이기거나, 상대가 위기에 봉착할 잘못된 기동을 시도하도록 만들어야 한다. 기동이란 항상 위험하다. 그 기동으로 인해 상대방에게 더 유리한 결과를 초래 할 수 있기 때문이다. 이런 이유로 많은 유능한 지휘관들이 기동전에서

갖추어야 할 적절한 심리적 소양을 갖추지 못하면 전투에서 실패하게 된다. 일반적으로 위험을 감수하려 하지 않는다. 전장에서 부대를 다양하게 성공적으로 기동시키는 것은 전쟁술의 절정이며 승리를 보장 받을 수 있다.

⑧ **보안 (Security)** : 이것은 전시에 체포된 간첩은 총살시키는 따위의 단순한 잔인성은 아니다. 통상적으로 첩보의 가치는 그것으로 인해 구출되거나 실종되는 인원수로서 계산된다. 만약 우군의 계획은 감추고 있으면서 적이 무엇을 하고 있는지 안다면, 성공할 가능성은 크게 높아진다. 1942년 미드웨이 결전에서 승리한 것은, 미국이 일본의 암호를 해독하고 있었다는데 기인하고 있다. 반면에 일본은 미 해군의 전개에 대해 거의 몰랐으며, 또한 미국이 자신들의 암호 전문을 읽고 있다는 것도 몰랐다. 양호한 보안 능력은 전투에서 가장 결정적 요소인 기습을 가능하게 한다.

⑨ **기습 (Surprise)** : 군인들이 최초로 배운 교훈의 하나는 상대가 예상하지 못하고 있을 때 상대방을 타격하는 것이 더욱 더 안전하고 성공 가능성이 크다 는 점이다. 그것이 바로 기습이며, 또한「보안」이 전쟁원칙의 하나가 되게 하는 이유인 것이다.

⑩ **간명성 (Simplicity)** : 전쟁은 혼란하고 예측할 수 없는 싸움이다. 정교한 계획도 전투 스트레스 때문에 급격히 무산되어 버린다. 크고 잘 구성된 복잡한 군사조직이 잘 운용되기 위해서는 별도의 계획을 필요로 하는데, 그 운용 절차를 단순화하는

것은 쉽지 않다. 중요한 것은 지휘자들의 자질과 능력이다. 이러한 우수한 지휘자들은 또 하나의 소중하고 특별한 자원이다. 전쟁을 수행한다는 것은 쉬운 일이 아니다.

⑪ **사기 (Morale)** : 이것은 일반적으로 전쟁원칙으로 고려되지 않으나, 사기는 항시 다른 요소들을 압도하는 결정적 요소 중의 하나였다. 뒤늦게 당연하다고 여기게 되지만, 대체로 사기란 '장교들과 병사들의 마음가짐'이다. 사기는 일반적으로 전투 중이나 전투 후보다 전투 초기에 훨씬 더 높다. 사기가 일단 어느 수준까지 떨어지면, 부대는 싸울 의욕을 상실한다. 만약 전투 중에 최악의 수준에 도달하면 그 부대는 패배하게 된다.

⑫ **소모 (Entropy)** : 이것도 보통은 전쟁원칙으로 고려되지 않으나, 소모는 전쟁사 전반을 통하여 불변의 상수였다. 실제로 '소모'가 뜻하는 것은, 초기 충격이 끝나면 전쟁이나 전투가 일정한 수준의 마모로 귀착될 것이란 점이다. 일단 전쟁이 시작되면 피해율과 전진율이 예측 가능해진다. 전투에서 평균 인원 손실은 사단 당 하루에 몇 1~5% 수준이다. 적이 대항하는 상태에서는, 기계화 부대일지라도 하루에 약20km 이상 전진하기는 쉬운 일이 아니다. 예외도 있지만, 그것은 대개는 승리할 때만 가능하다. 어쨌든 전쟁의 전 과정이 지나면 소모만 남는다. 예상외의 사건들도 일상으로 복귀되기 쉽다는 것을 아는 것이 중요하다. 특종기사들이 조직을 바보로 만들지

못하게 하라, 예외적 사건들은 매일 일어나는 보통 일들보다 훨씬 더 보도되는 경향이 있다. 소모를 가장 유능하게 극복할 수 있는 지휘관들은 매우 현실적이고 이길 수 있는 상황으로 조직을 발전시킨다.

경험 법칙

현대전의 준비와 수행에 대하여 12개의 경험법칙으로 요약 되는 이 준칙들은, 계속 반복되는 역사적 산물이다.

① **군대의 전투력**은 병력, 무기, 탄약, 장비들의 수를 질적 요소로 곱하여 산출된다. 질이란 외형상으로는 애매한 것이지만, 그것은 지휘력, 훈련, 사기, 무기 및 장비 등의 효과성을 포함하고 있다. 양적 요소만으로는 한 나라의 전투력을 계산할 수 있는 표준이 되지 못한다. 같은 수의 병력과 장비를 가진 부대라도 전투효과 측면에서는 본질적으로 달라질 수 있다. 다시 말하면 한부대의 병사 한 명이 다른 부대의 여러 명과 같을 수 있다는 것이다. 그러한 부대는 보병, 전차, 항공기, 포병, 함정, 트럭 등을 적절한 비율로 보유하고 있을 것으로 추정한다. 이는 성급한 가정일 때가 많은데, 질이 높은 부대는 보다 효과적인 전투력 구성을 갖추기 때문이다.

② **공격 전투력 비 :** 공자가 공격지점의 방자를 압도하기 위해서

는 3배 이상의 전투력(부대와 무기만인 것은 아님)을 필요로 한다. 이 비율은 부대 규모에 따라 가변적일 것이다. 소대 수준에서는 10:1 정도가 요구되며, 100만 명 이상의 부대가 교전하는 전구 급 수준에서는 2:1 이하라도 때로는 충분할 것이다. 특정시간에 특정지형에서만 싸워 이길 수 있기 때문이다. 판단 시에는 시간 요소도 고려해야 한다. 이점(利點)이 클수록 이기는 데 걸리는 시간은 짧은 것이다.

③ **기상과 지형**은 전투의 진행속도와 효과에 심대한 영향을 미친다. 험한 지형, 암흑, 동계 등은 작전의 진척을 둔화시키고, 전투 손실율을 떨어뜨리는 반면에 질병에 의한 손실을 증가시킨다. 누적 효과는 작전을 50% 이상 둔화시키며, 피해율을 그 이상으로 감소시킨다. 화학무기는 나쁜 기상 상태와 거의 같은 효과를 미치나 피해율은 다소 높아진다. 개활지는 작전을 촉진시키는데 특히 방자가 실질적인 저항을 계속할 수 없을 때 그러하다. 그런 상태에서는 불운한 방자의 피해는 엄청나게 증가하는 반면 공자의 손실은 줄어들 것이다.

④ 현대의 지상전에서는 **사단(1-2만명) 당 평균 손실**이 전투 지속기간 동안 매일 1-5%가 될 것이다. 병사들의 업무에 따라 손실은 달라진다. 전체 평균 손실율에 비해 보병부대는 2-3배, 전차부대는 비슷한 수준, 포병부대는 50% 이상이, 사단과 같은 큰 부대는 10-15% 정도만이 적의 화력에 노출되는 것을 감안하면, 대대가 사단보다 매우 높은 손실율을 갖는다

는 사실을 쉽게 이해할 수 있다.

⑤ **전투차량 (전차와 장갑 수송차)의 전투 간 손실 율**은 병력 손실 율보다 5-10배나 된다. 1개 사단이 전투에서 하루에 2%의 병력을 잃게 되면 장갑차량은 10% 이상을 상실할 것이다. 고도로 기계화된 부대는 장비 손실에 따라 조기에 돈좌(정지)되는 경향이지만, 기술 수준이 낮은 부대의 전투 수행은 장비 부족 시에도 중단됨이 없이 계속될 수 있다. 저 기술군 (아프간 저항군과 같은)이 고 기술군 (소련군)과 교전할 때에는 얼마 안 되는 자원으로도 오랫동안 지탱할 수 있었다. 바로 이 점 때문에 게릴라전은 고 기술군에게 매우 어려운 것이며, 1990년대 이후에도 전쟁의 대부분이 기술 지향적이 될 수는 없을 것이다.

⑥ 대부분의 부대에서 **사망 대 부상자** 비율은 대략 1:4 이며, 이것은 가용한 의무 자원의 양에 따라 가변적이다. 충분한 자원을 보유한 부대는 그 비율을 1:5 또는 1:10 으로까지 개선시키며, 대부분의 부상자들이 한 달 이내에 임무에 복귀할 수 있게 된다. 비전투 손실은 생활 조건, 기후, 가용한 의무시설 등에 따라 다르며, 월간 손실율은 1-40% 범위에 있다.

⑦ **모든 조건이 같다면, 방어가 공격보다 더 쉽다.** 이것은 방자가 우회 불가능한 축성진지 내에 있을 때 특히 그렇다. 방어 작전 시에 부대의 전투력은 2-3배로 발휘된다. 쌍방 모두가 상대방의 공격 대상으로 되기에는 너무 강하면, 교착 상태가

초래된다. 제1차 세계대전이 이러한 대표적 사례이며, 금세기의 많은 전쟁들이 이러한 현상을 겪었다. 게릴라전들도 교착상태로 끝을 맺는 수가 많았다. 이러한 비 재래식 전쟁은 지속될수록 상대방의 자원 고갈이 초래되므로 게릴라 측에 유리하다.

⑧ **항공기 손실**은 1,000쏘티 (sortie : 출격 대수) 당 1-5대가 평균이다. 미국의 베트남전 경험, 소련의 아프칸전쟁 기록은 항공기의 비전투 손실이 매달 전 기종의 1-5%였음을 보여주었다. 걸프전에서 그랬듯이 적의 방공을 침묵 시킬 수 있게 되면, 항공기 피해는 1,000쏘티 당 1대 이내로 줄일 수 있게 된다. (걸프전에서는 1,000쏘티 당 1.4대였음).

⑨ **오늘날 해전**에는 주로 해상무역 보호에 의존하고 있는 국가들이 관련된다. 해전은 공중전이나 지상전보다 훨씬 더 수세적 활동이다. 최근의 걸프전은 동맹국 해군력으로 이라크의 항구들을 봉쇄한 사례인데, 여기서 동맹국 해군들은 이라크의 공군 및 미사일 공격으로부터 그들 자신을 방호하는데 상당한 자원을 쏟아 부어야 했다.

⑩ **전장 기습**은 전투력을 3배 이상 증폭 시키며, 그 효과는 1-3일 후에 사라진다. 기습은 전장 승리의 핵심요소의 하나이나, 보통은 과소평가되거나 무시 되는 경향이 있다.

⑪ **전투경험**이 없거나 강하고 실제적인 훈련을 거치지 않은 부대들은, 전투에서 어떤 것을 획득하기 위해 바쳐야 할 시간

과 노력 그리고 손실들을 과소평가 한다. 이러한 습관을 탈피하는 것은 매우 어렵다. 대부분의 부대에 있어서 전투경험 만이 전쟁에 대한 현실적인 태도를 제공해줄 것이다. 다행스런 하나의 예외는 걸프전에서의 미국의 경험이다. 미군은 실제적 교육훈련에 수백만 시간과 수십억 달러를 쏟아 부었다. 이러한 준비는 실제 전투와 충분히 유사하여 대 이라크 작전을 대성공으로 이끌었다. 미국 국민들에게 잘 알려지지 않은 한 가지 점은 미국의 지상군이 수 년 간의 강하고 실제적인 훈련 덕분에, 사우디아라비아의 사막에서 보낸 몇 달 간을 어떻게 이용할 것인지를 알 수 있었다는 것이다. 여기에서 그들은 전장 지형에서의 훈련과 북진을 위한 상세한 예행연습을 통해 그들은 기술을 완성했던 것이다. 제2차 세계대전 시의 미국의 경험이 말해주듯이, 부적절한 훈련에 많은 시간을 쓰게 되면 전투개시 후에는 역효과를 초래하게 된다.

⑫ **전쟁은 비싸다.** 한 나라의 부유함과 무기 및 탄약 구매능력에 따라 다르지만, 적 병사 1명을 죽이는데 수천 수백만 달러가 든다. 값싼 전쟁 같은 것은 어디에도 없다.

전쟁의 승리 요결(要訣)

▶ 명장들의 승리 사례
▶ 베트남전 경험 사례

전쟁의 승리는, 승리를 믿는 자(개인 · 조직 · 국가)에게 돌아온다.

믿음을 갖기 위해서는, 바둑 용어에서 **'아생연후 살타(我生然後 殺打; 내가 살고 난 후에 상대를 타격한다.'**란 말이 있듯이 먼저 현실을 똑바로 알아야 한다. 현실을 파악하는데 꿈과 희망 가공이 들어가게 되면 아니 한 것보다 못하다. 만인이 인정하는 노골적인 실태를 말한다. 자기 방비가 허술하고 미처 준비가 안 된 상태에서 의욕만 가지고 덤볐다가는 백전백패 할 수밖에 없기 때문이다.

그렇다고 해서 무턱대고 반복훈련을 하고, 총(포) 잘 쏘고, 잘 걷고, 모든 장비 100% 가동하면 이길 수 있는가?
병사들은 그렇게 하면 된다.

그러나 직업군인은 완전히 생각을 달리해야 한다.

'국가 안보환경의 변화'가 현재의 작전계획에 미치는 영향은 없는
가? 규모를 낮추어 생각해서 우리 주변의 작전환경에 걸맞은 작전
계획으로 우리는 배비를 하고 있는가?

즉 이 작전계획으로 계속 훈련하고 예산을 투사해도 괜찮은가?

그래서 오늘 저녁 당장 전쟁이 일어나면 이 작전계획으로 승리할
자신이 있는가?

몇 년 전, 또는 수년전 다른 사람이 만들어 놓은 작전계획을 부둥
켜안고 밥이 넘어가며 집에서 잠이 제대로 오는가?

어딘가 찜찜한데도 불구하고 수많은 고뇌와 고통, 어떤 질곡에서
헤쳐 나오질 못하고 안주하면서 내 부하를 이끌고 승리의 깃발을
휘날릴 수 있겠는가!

아마 밥이 넘어가지 않고 잠이 제대로 오지 않으리라고 단언한
다. 왜냐하면, 국가와 국민을 생각하고 군대를 사랑하는 마음이 그
어느 집단보다 엄격하고 절실하기 때문이다.

필자가 그 진정성(승리를 믿는 것)을 의심하는 것이 아니다.

작전계획을 다시 한 번 들여다보기 바라는 마음에서이다.

특히 군단장 급 이상에서 살펴보아야 한다.

그 보다 더 합참의장이 똑 바로 살펴야 한다.

합참의장은, 평상시 불시에 합동상황실에 들러서 전방 대대장과 통화하고, 초계 함정과 항공기를 불러 보고, 격려와 칭찬을 아끼지 말아야 한다.

합참의장은 모름지기 국군의 최고 전략가로서 가장 존경받는 명장을 임명해서 군대를 승리자의 길로 유도할 수 있도록 해야 한다. 군이 양보해서, 장관은 국군통수권자 입맛에 맞는 사람을 임명하드라도 합참의장만은 군사전략의 대가가 되어야 한다. 합참의장은 각 군의 군사력을 전략적으로 운영하는 직위이기 때문에 군이 육, 해, 공군, 출신 별, 순환보직을 하려고 고민을 할 필요가 없다. 아울러 합참의장은 '안보지원사'를 동원할 수도 없고, 각 군에 대해 인사관리(진급, 보직 교육 등)도 할 수 없기 때문에 정권 을 위태롭게 할 수도 없으며, 반기를 들 수도 없다. 따라서 안심하고 **최고의 실력자를 선발**'해도 된다. 이 길만이 전쟁을 승리로 이끌 수 있는 최고의 상책이라는 것을 말하고 싶다.

직업군인 집단은 평소 말은 않아도 두 눈을 부릅뜨고 '국군통수권자의 국군 수뇌부 인사관리'를 지켜보면서 군대와 자신의 미래를 짐작하고 있다.

국민이 안심할 수 있고, 군 내 직업군인 집단으로부터 존경과 신뢰를 받을 수 있는 가장 가까운 길을 옆에 두고 자꾸만 먼 길로 돌아가려는 바보 같은 모습을 보여주지 말았으면 한다.

필자는 두 가지 유형으로 나누어서 '승리 요결'을 풀어 나가려고 한다.

첫째, 역사적 명장들의 승리 사례를 요약해서 제시하고
둘째, 필자의 베트남전 경험사례를 소개하려고 한다.

명장들의 승리 사례

여기 기술된 내용은 '저자 베빈 알렉산더의 위대한 장군들은 어떻게 승리 하였는가?'를 역자 김형배가 번역한 것으로써 그 중 일부를 소개하는 것이다.

기원전 고전적 전쟁 역사에서나 근 현대 전쟁 역사에서도 전쟁원칙에 있어서 영속적인 불변성이 있다는 것을 보여 주고자 한다.

1. 적의 최소 예상선과 최저 저항지역을 노려라

● B.C. 217년 한니발은 로마 군대에 직접 맞서기 보다는 그의 군대를 이끌고 투수카니(Tuscany)에 있는 아르누스(Arnus)강의 무서운 늪지대를 통과했다. 로마군은 이러한 이동을 예상치 못했으므로 통로를 그대로 열어 두었고, 한니발은 로마로 가는데 아무런 장애(障碍)가 없는 길을 이용하여 로마 군대의 배후에 나타날 수 있었다. 이로 인해 로마군은 그들의 강력한 진지를 버리고 카르

타고군의 뒤를 쫓지 않을 수 없었다. 그 뒤 한니발은 트래시메네(Trasimene)호수에서 혼란에 빠진 로마군을 매복 습격하여 전 로마군을 거의 전멸시키다시피 했다.

스페인에 있는 카르타고인들은 스키피오가 그들의 군대, 즉 이태리에 있던 한니발군을 공격할 것으로 믿고 그들의 수도(首都)이자 제1의 항구인 뉴 카르타고를 무방비 상태로 두었다. 스키피오는 B.C 209년 이 도시를 함락시켰고, 카르타고와의 주해상로(主海上路)를 차단했으며, 일부 스페인 부족으로 하여금 로마 쪽으로 넘어오게 함으로써, 졸지에 카르타고를 전략적 수세상태로 몰아넣었다.

● 1220년 징기스칸은 투르케스탄(Turkesan)에 있는 시르 다리야(Syr Darya)강을 따라 도시들을 맹렬히 공격함으로써 콰레즘(Kwarezmian)의 주의를 이곳으로 집중시켰다. 그 후 그는 주력부대를 이끌고 통과할 수 없다고 여겨지던 키질 쿰(Kyzyl Kum)을 건너, 적 후방 깊숙한 곳인 보라카(Bokhara)를 탈취하여 콰레즘의 수도인 사마칸(Samarkand)을 고립시키고 남쪽으로부터의 증원을 차단했다. 단 한 번의 신속한 작전으로 몽골은 사마칸을 손에 넣고 콰레즘제국을 멸망시켰다.

● 1862년 북군(北軍)의 2개 부대가 버지니아의 쉐난도아(Shenandoah) 계곡의 스톤턴(Staunton)으로 진격하고 있었으며, 맥다웰(Irvin McDowell)이 지휘하는 세 번째 부대는 리치먼드

(Ri-chmond)를 공격하기 위해 그들을 기다리고 있는 맥클레란 (George McClellan)을 지원하기 위해 프레더릭스버그(Frederi-cksburg)에서부터 이동 중이었다. 그러나 남군의 잭슨(Stone-wall jackson)은 이들 3개 부대 중 아무에게도 진격하지 않고, 대신 블루 리지(Blue Ridge)산맥의 동쪽에 있는 철도 교차점(交叉點)을 건너갔다.

결국 잭슨의 북쪽으로 진격할지도 모른다고 믿은 북군이 지도자들은 맥다웰을 제자리에 멈추도록 했다. 잭슨은 이렇게 해서 총 한 방 쏘지 않고 맥다웰을 무력화 시켰으며 맥클레란의 리치몬드 공격을 지연시켰다. 그는 이제 쉐난도아 계곡으로 되돌아와 북군의 1개 부대를 애팔레치아 산맥으로 퇴각하도록 하였고, 다른 부대는 고립시켜 취약점(脆弱點)을 드러내게 하였다.

● 1940년 강력한 독일군이 네덜란드와 벨기에를 공격했을 때, 영국과 프랑스의 기동 부대들은 독일군의 진격을 막기 위해 북쪽으로 달려갔다. 그러나 만슈타인(Erich von Manstein)은 이럴 줄 알고 아돌프 히틀러를 납득시켜 대부분의 전차부대를, 다른 사람들이 통과할 수 없을 것이라고 예상하던 아르덴(Ardennes)으로 진격시켜, 겨우 보잘것없는 병력이 방어하던 세당(Sedan)을 탈취하게 했다. 이렇게 되자 독일 전차들은 서쪽으로 영국해협(英國海峽)까지 거의 거칠 것 없는 길을 따라 진격하여, 벨기에로 달려왔던, 연합군을 함정(陷穽)에 빠뜨리고 프랑스를 패배(敗北)하게 하였다.

2. 적의 배후로 기동하라

● 1796년 나폴레옹은 이태리 북부의 포(Po)강변의 발렌짜 (Valenza)에서 그의 군대 일부로 양동작전(陽動作戰)을 함으로써, 오스트리아군 사령관으로 하여금 이것이 프랑스군의 유일한 목표 라고 확신하게 하여, 오스트리아군의 방어병력을 그곳으로 끌어들 였다. 그 후 나폴레옹은 그의 군대 대부분을 강을 따라서 피아센짜 (Piacenza)로 전진시켰다. 그는 모든 가능한 적 방어선을 우회하 여, 오스트리아로 하여금 만투아(Mantua)요새를 제외한 모든 북 부 이태리를 포기하지 않을 수 없게 했다.

● 1862년 스톤월 잭슨은 북군 지휘관 뱅크스(nathaniel Banks) 로 하여금 그가, 뱅크스 자신이 그의 군대 대부분을 집결시킨 곳 인, 쉐난도아 계곡의 스트라스버그(Strasburg)로 곧바로 진격하고 있다고 확신하게 했다.

그러나 잭슨은 매사누턴(Massa-nutten)산맥을 넘어 적 후방에 있는 프런트 로얄(Front Royal)을 탈취했으며, 워싱턴과 직접 연결 된 철도를 차단하여 북군을 무질서하게 후퇴하도록 만들었다.

● 1918년 9월, 영국의 앨런비(Allenby)장군은 팔레스타인에 있 는 터키와 독일군의 동부전선에 기만공격(欺滿攻擊)을 하고, 지중 해 부군의 서쪽 측면에 대해 예상치 못한 공격을 가하여 적전선에

커다란 틈을 만들었다. 기병대와 장갑차들은 이를 돌파하여 돌진했고, 신속히 샤론(Sharon)평야를 지나 카멜(Carmel) 대산혼(大山魂)에 있는 통로를 탈취하여 터키군의 모든 철도망과 북쪽으로의 철수로를 차단했다. 이에 터키—독일군은 동쪽으로 달아나서 요르단강 계곡으로 들어가려고 시도함에 따라 와해되었다. 영국과 아랍군은 다마스커스와 시리아 그리고 그 너머까지 진격하였고, 10월 31일 터키는 항복하고 말았다.

● 1941년 초, 19대의 탱크를 앞세운 한 영국군 부대가 리비아에 있는 해안 고속도로를 따라 철수 하고 있던 이탈리아 군대를 피해서 베다 폼(Beda Fomm)에 전략적 장막(將幕)을 형성했다.

그곳에서 영국군 기갑부대는 퇴각하려고 하던 이탈리아군 탱크 대부분을 격파했다. 탱크의 지원도 없고 퇴로도 차단당했으므로 나머지 이탈리아군은 자동적으로 항복했다.

● 1950년 북한군이 거의 전부가 UN군을 압박하여 낙동강 주위의 좁은 방어선으로 집중 할 때, 더글라스 맥아더는 훨씬 북쪽에 있는 인천에 상륙작전을 감행하여 주요도로와 한국의 유일한 복선철도를 분리 시켰고, 보급과 증원을 차단함으로써 북한군이 일거에 허물어지게 하였다.

3. 중심부(내선)에 위치하라

● 1796년 이태리 출정에서, 나폴레옹은 그의 군대를 피에드몬트(Piedmotese)와 제노아(Genoa)서쪽의 아펜나인(Apennines)산맥에 있던 오스트리아 군대 사이로 기동시켰고, 그로 인해 적 하나를 상대하기에 앞서 다른 하나를 물리칠 수 있었다. 이후 카스트리오니(Castiglione)에서 그는 부대를 양개의 오스트리아 주력 공격부대 사이에 위치시켜, 한 부대를 격퇴하고 나서 다른 하나를 공격하였다.

● 1862년 스톤월 잭슨은 쉐난도아 계곡에 있는 포트 리퍼블릭(Port Republic)으로 진격하여 그를 추격하던 두 북군 부대가 합치지 못하게 했다. 그 후 잭슨은 그중 하나를 공격하여 퇴각하지 않을 수 없게 하였고, 다른 부대도 역시 후퇴하게 만들었다.

4. "분진협동공격계획(Plan with Branches)"을 따르라

● 18세기 프랑스 장교 부르세(Pierre de Bourcet)가 이 구절을 만들어 냈지만, 몽골의 수베데이(Subedei Bahudur)는 이 원칙을 1241년 몽골의 유럽 침략때 사용했다. 몽골 기마병(騎馬兵)의 한 종대가 서쪽으로 돌진하여 카파치안(Carpathian)산맥북쪽의 폴란드와 독일로 들어가서 이 지역의 모든 부대를 끌어 들였다. 그러는

동안, 수베데이는 3개의 종대를 다뉴브강변의 부다페스트로 보냈는데, 한 부대는 북쪽으로 넓게 우회했고, 다른 하나는 트랜실바니아(Transylvania)를 지나 남쪽으로 갔으며, 세 번째 부대는 곧바로 부다페스트로 향했다. 이렇게 넓게 분리된 진격은 오스트리아와 다른 군대들이 헝가리와 연합하는 것을 막았으며 심지어 한 종대가 돈좌(頓挫)되더라도, 나머지 종대들이 부다페스트에 도착할 수 있었을 것이다. 몽골은 며칠 후 이제 고립무원(孤立無援)의 헝가리 군대를 분쇄했다.

● 나폴레옹은 1796년 그의 이탈리아 출정 초기에, 전선을 따라 넓은 지역에 여러 종대를 진격시켰는데 적이 모든 지점을 동시에 방어할 수는 없으며, 만일 한 프랑스 종대가 저지당한다면 다른 종대들이 계속해서 적의 핵심진지를 탈취할 수 있다는 것을 알았다. 그러나 당시 적 주력 부대의 저항이 쉽게 무너졌기 때문에 나폴레옹은 피에드몬트(Piedmontese)의 수도인 투린(Turin)으로, 각각 하루정도의 행군거리를 사이에 둔 3개의 종대를 보냄으로써 이 원칙을 변형하여 사용했다. 각각의 종대는 낙지발처럼 그들 통로에 있는 어떠한 적도 잡을 수 있었고, 그 사이 다른 부대는 그 적에게 접근할 수 있었다. 이런 위협 때문에 피에드몬트 정부는 항복할 수밖에 없었다.

● 미 남북전쟁 시 북군의 셔만 장군은 1864년 애틀란타를 점

령한 후, 여러 부대로 나누어 조지아를 통과하여 진격했다. 남부의 방어군들은 이들 부대가 북동쪽의 어거스타(Augusta)를 목표로 하는지, 아니면 남동쪽의 매콘(Macon)을 목표로 하는지 몰라서 그들의 부대를 양쪽으로 나누었다. 그러나 셔만은 그들 사이를 뚫고 나가 서배너(Savannah)를 점령했다. 또한 셔만이 북쪽으로 방향을 돌려 사우스캐롤라이나로 갔을 때, 남군은 그가 찰스톤(Charleston)을 겨누고 있는지 아니면 어거스타(Augusta)를 겨누고 있는지 알 수 없었다.

그러나 셔만은 이들 사이를 통과하여 컬럼비아(columbia)를 점령함으로서, 남군으로 하여금 어거스타와 찰스톤을 포기하지 않을 수 없게 했다. 또다시 남군은 셔만이 노스캐롤라이나의 새롯(Chalotte)으로 갈지, 아니면 월밍턴(Wilmington)으로 진격할지 몰랐다. 그러나 그는 이들 두 도시 사이에 있는 페이어터빌(Fayetteville)을 탈취했고, 다시 골즈보로(Goldsboro)로 진격, 사실상 남군의 후방을 일소하고 전쟁을 종식시켰다.

● 1935년 초, 중국 공산당 홍군(紅軍)은 중국 중남부의 꾸이조우 지방에서 훨씬 우세한 쟝제스의 국민당 군으로부터 전방과 후방 양쪽에서 압박을 받고 있었다. 이에 따라 공산당 지도자 마오쩌둥은 한 부대로 하여금 꾸이조우의 수도인 꾸이양을 향해 곧장 서쪽으로 가는 체 하도록 했다. 결국 이것은 그의 배후를 압박하던 국민당 군대 전체를 끌어 들였다. 그때 마오쩌둥은 재빨리 북동쪽으

로 행군하여 쟝제스로 하여금 그가 후난지방으로 침공할 것을 계획하고 있는 것으로 믿게 하여 거대한 국민당 군대를 후난 지방 일대에 붙들어 두었다. 이제 마오쩌뚱은 북서쪽으로 방향을 돌려 북부 꾸이조우지방에 있는 그의 진짜 목표인 쭌이를 공격했으며, 거의 저항을 받지 않고 이곳을 탈취했다. 비록 마오쩌뚱은 쭌이에 근거를 마련하거나 양쯔강 상류를 건너 그가 원했던 대로 중국의 서부지방인 쓰촨(四川)으로 갈 수는 없었지만, 쟝제스의 주의를 매우 흩뜨려 놓아 그가 발길을 돌려 남서부 지방인 옌안으로 행군해 들어갔을 때, 국민당 군대는 마오쩌뚱에 맞서 연합할 수 없었다.

5. "집중적인 전술공격"을 가하라

● 이것은 실제 전투에 있어서 필수적인 방식으로써 공격부대를 둘 혹은 그 이상으로 나누어 동시에 목표를 공격함으로써 달성할 수 있다. 이 방식의 가장 좋은 예 중의 하나는 B. C. 216년 칸네(Cannae)에서 한니발은 그가 덜 신임하는 고울(Gaul)과 스페인 병사들을 중앙에서 진격시키고, 반면 그의 정예(精銳) 아프리카 보병은 양 측면에 숨겨 두었던 것이다. 로마군이 이 돌출된 전선에 대해 압력을 가하자, 한니발은 그의 아프리카군이 로마군의 양 측면을 공격하도록 했고, 그 사이 카르타고의 기병들은 로마군 기병을 몰아내고 로마군 후방을 공격하여 이들의 퇴로를 차단했다. 이것은 역사상 최대의 섬멸전(殲滅戰) 이었으며, 이 때 76,000명의 로

마군 중 70,000명이 사망했다.

● B. C. 206년 일리파(Ilipa)에서 스키피오는 그의 군대를 뜻밖의 대형으로 포진(布陣)시켰다. 그의 대형은 그와 맞서는 카르타고 전선에 비해 반 정도의 정면과 종심이었으며, 중앙에는 덜 신임하는 스페인 장병을, 그리고 양 측면에는 그의 강력한 로마 군단을 배치하였다. 한편 이와 맞서는 하스두루발(Hasdrubal Gisgo)은 그의 최정예 카르타고군을 중앙에, 그리고 약한 스페인 보병은 양 날개에 두었다. 스키피오는 그의 스페인 병사들이 카르타고 정예군을 향해 천천히 진격하게 하여 적을 그 자리에서 고착 견제하는 사이, 로마 군단을 빠른 속도로 전진시켰다. 적 전선에 가까워지자 로마 군단은 사선으로 비스듬히 선회(旋回)하여 적 스페인군의 정면과 측면을 공격하여 분쇄하였고, 아직 접전하지 않은 중앙의 카르타고 정예군을 격퇴하여 물러나지 않을 수 없게 했다.

● 1976년 북부 이태리의 카스트리오니(Casstiglione)에서, 나폴레옹은 "포위, 돌파, 그리고 추격"을 이용한 그의 "전략적 전투(strategic battle)"를 선보였으며, 이를 통해 그는 수많은 승리를 거두었다. 우선 그는 강력한 정면 공격으로 적의 모든 예비대를 전방으로 끌어 들여 적을 전선에 고착시킨 다음, 강력한 부대를 적 측면을 우회해서 적의 보급로와 퇴로 상으로 보냈다. 정면공격을 받은 적 지휘관은 돌파당하지 않기 위해 위협을 당하는 지역으로부

터 가장 가까운 지역의 부대를 전환하지 않을 수 없었으며, 따라서 전선의 일부는 자연히 약해지지 않을 수 없었다.

● 나폴레옹은 전투에 앞서 이러한 지점을 찾아낼 수 있었고, 이에 맞서 강력한 "집중공격(masse de rupture)부대"를 집결시켜 선두에 세웠으며, 이 부대는 약화된 지점에 돌파구를 형성하였다.

그 후 기병과 보병이 이를 통해 물밀듯이 밀려들어가 적의 균형을 깨고 적을 패배시키거나 분열시켰다.

▶ 승리 요결

위대한 장군은, 의식적으로든 무의식적으로든 손자(孫子)가 2,500년 전에 말했던 **"제일 상책은 싸우지 않고 적을 물리치는 것 (不戰勝)"**이라는 격언을 따르려고 노력했다. 이것은 물론 하나의 이상일 뿐이며 실제로는 좀처럼 달성될 수 없는 것이다.

그러나 위대한 장군들은 무방비 상태이거나 방어가 미약하지만 적에게는 아주 결정적인 목표를 공격하였고, 적의 약점에 대해 그들의 강점을 투입시키려고 노력함으로써 항상 그들에게 직면할 저항을 최소화시키는 길을 추구했다.

어떤 때는 징기스칸, 나폴레옹, 스톤월, 잭슨이 실행하여 유명하게 만든, 적의 배후로 진격을 함으로써 그렇게 했고, 또 어떤 때는 스키피오가 일리파(llipa)에서 했던 것처럼 적의 약한 측면을 공격했다. 또 어떤 때는 다수의 부대를 집중시켜 그들의 의도대로 적을 혼란시키기도 했다. 수베데이와 셔만은 이러한 방식에 의해 광활한 영토를 정복하기도 했다.

위대한 장군은 반드시, 상대로 하여금 그가 실제 지향하고 있는 목표와 또 다른 목표와 혼선을 빗도록 하거나 또는 상대가 하나를 구하기 위해 다른 하나를 포기하도록 만들어야 한다.

어떠한 지휘관도 자신의 "아킬레스 건"을 드러내려하지 않기 때문에, 위대한 장군은 승리하기 위해서 반드시 적을 기만(欺滿)해야 한다. 따라서 역사상 위대한 장군들은 1862년 스톤월 잭슨(미 남북전쟁, 남부군 장군)이 말했던, **적을**

"혼동시키고, 오도하고, 기습하라"는 가르침을 실행했던 것이다.

베트남전 경험 사례

"남 남쪽 상하(常夏)의 나라 정글에서
조국을 노래했다. 어머니를 노래했다.

포탄이 작렬하고, 총탄이 빗발쳐도
'우리는 살아 돌아가야만 한다.' 다짐하고,
또 다짐 했다.
그리고 마침내 해냈다."

부산항 부두에 당도한다는 귀국선 뱃고동 소리
뿌-우-웅 !!, 일제히 바라보는 고국의 하늘

"아 ! — 고국의 하늘이 이렇게 높고, 푸르고,
맑고, 밝은 줄 예전에 미처 몰랐었다."

불과 1년 전 어머니가 당부했던
"니가 델고 있는 사람들 모두 다 잘 데리고 있다가
같이 돌아 온네이"
이 약속 당당하게 지키고 왔습니다. 어머니 !!!
그런데 지금은 그때 새벽에 목욕재개하고
지성을 드렸던 할머니, 어머니 두 분 모두 저 세상에 계십니다.

베트남전 경험 사례

베트남은 북위 17도선을 기준으로 남과 북으로 나뉘어져 있다. 남쪽은 자유민주주의 진영이고 북쪽은 공산주의 진영으로써 북쪽의 지령을 받는 **'베트콩(Viet Cong : 베트남민족해방전선)'**을 소탕하여 자유민주주의 질서를 유지하려는 전쟁이었다. 수시로 북베트남 정규군, 일명 월맹군의 대대적인 공세작전도 빈번하게 벌어지고 있었다. 과거 프랑스 군이 전쟁에 참여했으나 실패를 했고 이어서 미국군이 전쟁에 참여하고 있었다. 미국은 대규모 작전에는 절대 우세를 점하고 있었으나 베트콩의 치고 빠지는 소규모 게릴라식 전투에는 늘 당하면서 어려움을 겪고 있었다. 이즈음 동맹인 한국군에 손을 내밀어 도움을 요청하였고, 한국은 국군의 현대화에 적극 지원한다는 조건으로 파병이 시작되었다.(당시 한국군의 기본 소총은 M1과 칼빈으로써 2차 세계대전과 한국전쟁 때 사용한 것임, 그러나 베트남 전쟁에서는 M16 소총을 사용하였고 전쟁이 끝난 다음 부산에 M16 공장이 세워져, 한국군 기본화기도 점차 M16으로 바뀌었다.) 이 당시 참전의 대의명분(大義名分)은 **'베트남 국**

(國)평정작전과 세계 평화유지' 이었으며 전투를 하면서도 베트남 국민과의 소통과 대민지원 사업에도 적극적으로 활동을 했다.

 필자는1968년 3월 3진 2제대로 파병이 되었으며, 1년에 1진 씩 그리고 거의 매월 1개 제대씩 맹호와 백마로 나뉘어 격월제로 파병이 되었고 필자는 맹호부대로 파병이 되었다.

 파병이 되기 전에 1개월간 강원 화천 오음리에서 예비교육을 받았는데 필자는 이 기간을 아주 유용하게 활용했다.
 그동안 베트남전 전투사례집을 모두 숙독하고 메모하면서 의심이 가는 분야는 교관들에게 질문해서 내 것으로 만들었다.

 '맹호부대 기갑연대 전투소대장'으로 보직을 받은 후, 다시 1개월 정도 현지 특수 교육을 받는 기회가 있었는데, 사단사령부 직할로 '공수지구대'가 있어서 그곳에서 장거리 정찰, 잔류매복(수색 후 떨어뜨려 놓고 본대는 복귀), 특수무기 (부비 트랩 설치 및 제거 등) 운용 및 조작, 방향유지(헬기로 정글 깊숙한 곳에 내려놓고 부대로 복귀하기) 등 앞으로 대대(大隊)가 수행하는 각종 작전에 활용하도록 되어 있었다. 소대에서 1개 분대를 데리고 가서 훈련을 받았으며, 전장에서 가장 중요한 첨병 2명과 첨병분대장을 양성하는데 많은 정성을 기우렸다. 즉 이들은 필자의 수(手)신호만 보면 모든 작전 수행이 가능하도록 일체감을 유지토록 했다.

베트남전에 자신이 붙었으며, 점차 나머지 소대원에게도 필자의 지휘소신이 완전히 녹아들었다.

결론부터 얘기하자면, 당시는 베트남 주둔 초기로써 전투가 가장 치열하고 빈번하게 발생했던 시기였으며, 14개월 근무 중 10개월 정도를 베트남 정글 속에서 생활하며 전투를 했었다. 그러나 '내 부하의 목숨을 단 한 명도 잃지 않았고 심하게 다친 사람도 없었다.'

필자 자신은 경미한 부상은 입었지만 지금도 그 상처를 바라보고, 그 때를 기억하면서 무척 자랑스럽게 생각하고 있다.

단 한 명의 목숨을 잃지 않은 것, 이게 우연일까? 행운일까? 요령일까? ...

다 틀렸다. 지금부터 낱낱이 소개해 보려고 한다.

필자의 **지상(至上) 목표는, '우리 모두 살아남아 고국으로 돌아가서, 사랑하는 부모형제를 다시 만나는 것이었다.'**

살기 위해서 **'위 세 가지(우연, 행운, 요령)'**에 목숨을 걸어야 하나 ? 일억 분의 일이라도 여기에 솔깃하면 모든 게 끝장이다.

절대 사사로운 것에 휘말리지 말고, 소대장으로부터 말단 소총병에 이르기까지 일사분란하게, 마음이 통해서 믿고 따를 수 있어야만 가능한 일이다. 몸소 실천하며 모범을 보이고 진두지휘해서 스스로 깨달아 따르도록 하면 된다.

필자가 실천한 다섯 가지가 있다.

첫째, 전쟁, 전투 사(史)를 보고, 또 보고, 완전히 내 것으로 만들었다.

둘째, 독도법(정글지대)을 통달하였다.

셋째, 진두지휘하며, 소대원 상하 신뢰를 구축했다.

넷째, 나만의 지휘기법을 만들어 피나는 훈련을 통해 체득시켰다.

다섯째, 전장의 감응을 한 시도 잃지 않도록 했다.

이것을 **'23살짜리 소대장인 필자'**가 머리를 짜내고 불면의 밤을 보내며 완성해서 실천에 옮겼다.

지금 생각해도 어떻게 저런 **'야무진 생각과 행동'**을 할 수 있었는지 스스로 가상함을 느낀다.

여기 원천에는 일자무식이신 '우리 어머님'이 계신다.

필자가 베트남 파병 시 탑승한 열차가 대구역에서 약 10분 정도

정차해서 가족을 만나는 시간이 있었다. 그 때 느닷없이 우리 어머님이 하시는 말씀이다. **"야야 니가 델고 있는 사람들도 다 잘 데리고 있다가 같이 돌아 온네이"** 어떻게 그 짧은 순간 자기 자식 감싸기도 바빴을 텐데 어찌 이런 말씀을 하셨는지, 두고 두고 곱씹으며 필자의 전장 생활이 시작된 것이다.

여기서 먼저 귀국 후 들은 후일담 하나를 소개하려고 한다.

필자는 가난한 가문의 장손이다.

할아버지는 일제 징용으로 갔다 돌아오셔서 고생만 하시다가 60대 초반에 돌아가시고, 할머님이 집안을 꾸리셨는데 슬하에 4남 1녀를 두고 장남인 필자의 부친은 어릴 적부터 할아버지 안 계신 집안일을 도맡아 하시다가 작두에 양손 엄지손가락을 잃어 군대를 면제 받았으나, 바로 아래 동생은 한국전쟁에서 전사를 했으며 그 아래 동생 역시 전쟁 상이군인이 되셨다. 이런 아픈 역사가 있는 판국에 장손이 전쟁터에 갔다고 하니 할머니는 소식을 듣자마자 실신을 하셨다고 한다.

그 당시 필자의 어머니는 말리지 못했다며, 할머니로부터 **'조선에 있는 욕은 다 들었다.'** 며 회한을 말씀 하셨고, 다시 기력을 차린 할머님은 며느리에게 '나는 고향 선산이 있는 곳에서 매일 새벽에 머리를 감고 **'정화수'** 떠놓고 지성을 올릴 테니 너는 여기에서 똑같이 지성을 올리라고 하셨다고 한다.'

　돌이켜보면 이 **'두 분 여인의 정화수의 지성(至誠)이 감천(感天)'** 하여 필자와 필자의 부하들이 모두 무사히 귀국 한 것이라고 생각 한다.

　귀국 후 곧바로 할머니를 찾아뵙고 큰절을 드렸더니 감싸 안으며 **'아이고! 내 새끼 욕 받지 하시면서 다시는 그런데 가지마래이'**라고 하셨다. 전쟁은 연로하신 할머니에게 영원한 트라우마(trauma)로 남아 있었나 보다 ……

■ 전쟁, 전투 사(史)를 보고 또 보고 완전히 내 것으로 만들었다.

　먼저 경험한 분들의 소중한 자료를 볼 수 있다는 것은 큰 행운이 다. 백지 상태에서 부지불식간에 미지의 세상으로 뛰어 들어 간다 는 상상을 하면 너무나 끔찍한 일이고 불행한 일이 아닐 수 없다. 파병 전 교육기간 동안 비치되어 있는 다양한 전사 집을 발견했다. 상상만 했던 여러 의문점들이 하나하나 풀리는 순간들이 너무나 황 홀했으며 구세주를 만난 기분이 들었다.

　읽어보고, 혼자 백지전술도 해 보고, 그 곳(오음리)에서 급조 편 성된 소대원들을 데리고 나가서 예행연습도 해보면서, 다양한 전 투 양상, 안전사고, 일방적인 피해 등에 대한 대처 방법을 익힐 수 있었다.

　전반적으로 전투 상황의 결과는 대부분 지휘자의 능력에 따라 결 과가 좌우된다는 것을 알 수 있었다.

– 지휘자의 능력에 따라 부하를 사지(死地)로 몰수도 있고 사지에서 구출할 수 도 있다 –

필자는 수시로 전달되는 전투상보를 숙독하고, 예상되는 모든 상황을 도식화 해 두었다가 작전이 없는 기간을 이용해서 훈련을 통해 소대원을 숙달시켰다. 베트남 기지(基地) 주변에 다양한 훈련장을 만들었다.

한 편 중대장은 나름 예하 소대장들의 지휘능력 제고를 위해 다양한 방법을 활용하고 있었다. 필자에게 적용했던 방법은

• 일개 분대를 데리고 매복 작전에 들어 가도록해서 소대장의 작전지휘 능력을 시험하는 것이다. 작전 투입 전 중대장은, 분대장에게만 시나리오를 주입시켜서 새벽녘에 상황을 전개시킨 것이다.

아무런 보고도 없이 크레이모어가 폭발하고 수류탄이 터지고 소총이 불을 뿜었다. 순간 숨이 턱 막히는 기분을 느끼면서 당황을 했지만 침착하게 최초 크레이모어가 폭발한 매복조로 자리를 이동해서 상황을 파악하고 중대장에게 상황 보고를 했다.

이것이 **'훈련 매복 작전'**이라는 것을 기지복귀 후에 중대장으로부터 설명을 들었다.

중대장의 얘기는, 이런 경우 초임 소대장은, 일반적으로 자기 위치에서 꼼짝 못하고(일부는 하물며 머리를 박고), 상황보고도 횡설수설한다는 것이다. 필자에게 아주 성공적이라고 얘기해 주었고,

소대원들도 대부분 신뢰하는 분위기였다.

　'전사(戰史)를 공부한다는 것'은 타인의 소중한 경험을 내 것으로 만드는 것으로써 이를 바탕으로 미래(장차 작전)를 예측할 수도 있고 과오, 실패, 실수를 없앨 수도, 줄일 수도 있다.

　한마디로 직업군인에게 전사는, **'살아 있는 생생한 자산이고 교과서'**라는 것을 강조하고 싶다.

　누가 가르친 것도 아닌데 23세 젊은 청년 장교는 일찍부터 전사를 통해 귀하고 소중한 경험을 하였으며, 그 후 **'전쟁사 전문가'**가 될 수 있는 토대가 되었다.

　■ **독도법(정글지대)을 통달했다.**

　직업군인이라면 누구나 독도법에는 일가견이 있다.

　지도를 펼쳐서 군사작전을 그릴 수 있고 그걸 보면서 군대를 움직일 수 있어야 한다.

　그래서 우리는 평면도 상의 지도를 보면, 그 곳에서 새소리, 물소리, 바람 소리를 들을 수 있다고도 한다.

　이것은 일반인들은 상상도 할 수 없고 군인만이 할 수 있는 **'신의 한 수'** 이다.

　베트남 전투에서 가장 큰 비중을 차지하는 것이 '방향유지'이다.

방향유지가 잘못되면 모든 게 사달이 난다.
① 인접부대와 협조 유지가 되지 않아 전선에 구멍이 생기고,
② 부대원을 사지(死地)로 몰아넣어 엄청난 위기에 봉착할 수도 있으며
③ 상급부대의 효과적인 화력지원도 받을 수 없고
④ 아군의 포와 항공기 폭격에 자멸을 할 수도 있으며
⑤ 부하들을 생고생 시켜 부하로부터 신뢰를 잃을 수도 있다.

필자는 사단 공수지구대에서 한 달간 교육을 받는 동안에 독도법에 대해 심혈을 기우렸다.

베트남 전장의 특징은 크게 4가지 유형으로 나눌 수 있다.
대 정글(사람이 오를 수 있는 수목지대), 소 정글(사람 목이 수목 밖으로 나올 정도, 가시가 많음), 중 정글(중간 지대로써 사람 신장을 훨씬 초월 하는 지대), 평야지대로 구분할 수 있다.

주로 중 정글지대가 많으며 일단 정글 속으로 들어가면 시야가 완전히 차단되어 야간작전과 유사한 느낌을 받는다.

누구의 도움이 아니고 필자 스스로 느낌을 체득 화하는 것이 중요함을 인식했다. 정글 속에서는 오직 혼자만이 해결하고 헤쳐나올 수밖에 없기 때문이다.

① 정글 속에서 필자의 평균적 보폭을 측정해 두었다. (대략 50cm)

② 전투 투입 전에 지도를 펼쳐 놓고 도상 연습을 했다. 등고선 하나하나를 세밀히 익혀 두고 그것을 입체 식으로 옮겨 보기도 했다. 작전지역 환경이 머리에 완전히 그려지게 한 것이다.

③ 가끔 나무에 올라 가기도하고, 병사들의 목마에 올라서 주변을 관측해 정확한 위치를 잡기도 했으며,

④ 필자의 보폭을 거리로 환산해서 병력을 움직여 나가기도 했다.

사방을 관측할 수 있는 지대에서 방향을 유지하는 것은 그야말로 식은 죽 먹기나 다름없다.

위와 같은 노력과 행위가 반복되는 동안 베트남전 정글지대 작전에 베테랑이 되어 가고 있었으며 중대장은 늘 첨병소대 임무를 부여했고, 대대작전에서도 중심 축 역할을 해, 타 중대가 우리를 중심으로 전개를 할 수 있도록 했다.

이렇게 되면 필자의 소대원들이 늘 고생이다. 선두에서 정글을 뚫어야 하고, 생소한 지역에 들어가다 보면, 적과 조우를 수시로 함은 물론, 적의 역 부비트랩이나 함정 등 위험에 노출되기도 한다.

그러나 한 번도 당한 적이 없다. 필자가 늘 첨병 2명을 앞세우고

선두에서 지휘하고 헤쳐 나갔기 때문에 모든 부대원들이 무사할 수 있었다. 이런 노고를 중, 대대장은 잘 알고 있었으며 작전이 끝나면 C-레이션(통조림 식 야전식량)을 대용량 몇 박스씩 보내 주셨고

(1박스면 1개 분대가 3일 정도 취식이 가능), 이따금씩 전과를 올리면 달러로 금일봉을 주시면, 그것을 타 병사에 비해 첨병에게 보너스로 더 주고 이들은 귀국할 때 그것을 선물로 가지고 가기도 했다.

"첨병의 눈빛을 바라보면 광채가 난다. 아니 살기가 돋아 있다.
그 때 혹여 필자의 눈빛도 똑 같지 않았을까 !"

지금은 비록 흐리멍덩해져 있지만 ...

■ 진두지휘하며, 소대원 상하 신뢰를 구축했다.

전장에서 가장 중요한 것은 전투기술, 군기, 사기, 용기 보다 더 세심하게 배려해야 하는 것이 '신뢰' 즉 '믿음'이다.

'신뢰'가 깨트러지면 위 전투기술 부터 용기까지 삽시간에 허물어 진다. 한 명의 경계 소홀로 전열이 흐트러지고, 전 소대원이 피해 를 본다는 것을 귀에 딱지가 끼일 정도로 들었고, 전투사례를 소개 했고, 스스로들 잘 알고 있다.

한국전쟁이나, 세계전사에서도 신뢰의 상실로 말미암은 군무이 탈이나, 전선 이탈로 전투에 패배한 사례가 많이 있다.

대부분 작전의 시작은 분대, 소대 단위로 이루어짐에 따라 지휘 자와의 신뢰가 최우선이다.

따라서 지휘자는 끊임없이 공부하고 연구하고 관찰하고 대화하 며 상호간 접촉과 접촉유지를 하는데 정열을 기우려야 한다.

그 과정에 사사로움이나 불공평함이나 심리적 허탈감을 불러일 으키지 않도록 배려하고 감당하기 힘든 일이 있으면 지휘자가 모두 걸머메고 간다는 의식을 심어주어야 한다.

필자가 가장 강조하는 구호가 **"우리는 반드시 살아남아 고국으로 돌아가서 부모형제를 만나는 것이다."**

그러니까 모두가 똑같은 목표로 똘똘 뭉쳐 있기에 그 어떤 시기, 질투, 중상모략, 요령 등이 있을 수 없고 서로 감싸 돌고 보살피면 서 끈끈한 전우애를 꽃피워 나가는 것이다.

기지(基地) 방호를 위해 근무하는 야간초소를 순찰하면서 **'1년 동안 단 한 번도 졸고 있는 병사를 본 적이 없다.'**

모두 초소별 임무도 완벽하게 숙지하고 있었으며 인접 초소 근무 자의 인적사항 까지 다 알고 있었다.

　모든 생활 근거를 분대 단위로 참호를 구축해서, 분대 단위로 취사를 하고, 일조, 일석점호도 소대본부 구령에 의해 분대 단위로 하게 된다. 이렇게 분산 시키는 이유는, 가끔 떨어지는 적의 포탄 낙하에 의한 대량살상을 미연에 방지하기 위한 수단이다.

　분대 단위 위계질서도 한국 내 군 생활과 차이가 있다. 분대장(하사)은 작전 지휘와 분대 전체 질서를 유지하고, 부분대장은 계급 상관없이 분대 전입 선임자가 맡게 된다. 즉, **'전투 경험 고참병이 대우를 받는다'**는 의미이다. 계급 사회이지만 전투 유경험자 우선은 불문율로서 병사 상호간에도 수긍을 하고 있다. 부분대장의 역할은 아주 중요하다. 분대의 각종 보급과 취사를 책임지고, 근무조 편성과 작전 간 후방 경계를 책임진다.

　소대장과 분대장은 늘 선두에 서야하고, 마지막에 식사하고, 병사들이 쉬는 시간에 주변을 살피고 있어야 한다.

　전투복장과 군장을 똑 같이하고 모두 계급장을 떼고 전투에 임한다. 적의 저격수로부터 지휘자가 누구인지를 식별할 수 없게 하는 것이다. 만약 전장에서 지휘자의 유고가 발생하면 그 전투는 실패할 공산이 매우 크기 때문이다.

　정상적인 활동 외에 필자의 단독 판단으로 실행에 옮겨 소대원들과 격의 없는 공감대를 형성시킨 사례들이다.

① 평야지대 작전을 종료하고 복귀할 적에 이따금씩 주인 없는 '오리 떼'들이 몰려 있는 경우가 있다. 이 때 분대 단위로 두 마리 씩 잡아(맨손으로 잡을 수 있음) 기지로 돌아와 취식을 하도록 했다. 평상시 통조림으로 된 식사로 인해 식상한 입맛을 보충하는데 요긴한 수단이 될 수 있었다.

② 주둔지 주변에 메콩 강 지류가 흐르고 있어서 목욕을 위해 내려 갈 적에 '수류탄'을 휴대해서 물고기를 잡아 취식을 했다.
늘 1개 분대는 경계를 하고 교대로 목욕을 했으며, 그야말로 물 반 고기 반이란 표현이 어울릴 정도였다.

③ 주둔지 아래쪽 직선거리 150m 쯤에 잔반 처리장이 있는데 가끔 '멧돼지'가 야행성 동물이면서도 대낮에 나타나는 경우가 있었다. 이 때 필자는 각 분대 특등사수 1명씩 집합시켜서 동시에 사격명령을 통해 사살시켜 분대 단위로 나누어 취식시키기도 했다.

④ 젊은 병사들의 건강한 감성해결을 위해 부분적인 배려를 해 두었다. 분대 단위 내무 참호와 교통호로 연결된 지점에 화장실을 만들어 그 안에 화려한 화보를 걸어 두었고, 외부에는 긴 막대기를 이용하여 내부에 사용 중일 때는 걸쳐 두고, 나올 때는 걷어 두도록 해서 외부 간섭을 미연에 방지하도록 했다.
베트남전 음식이 주로 육류로 된 통조림으로써 하루 세끼를 매일 반복하다보면 병사들의 체력은 최고조에 이르고 이것을

훈련으로 소진시키기에는 한계가 있음을 필자 스스로 느낌을
받았다.

한국에서의 군 생활에 대입시키면 '군법'에 회부감이 되겠지만 전
장의 특수성을 감안 한다면 모두 지휘자의 감시 감독 하에 이루어
지는 것이라 비공식적으로 용인되는 부분이 있다.

만약 상급부대(자)가 어떤 처벌을 준다면 필자는 얼마든지 책임
질 각오가 되어 있었다. 전장의 각박함과 삭막함, 초긴장 상태를
잠시라도 풀 수 있는 작은 수단이라고 생각 했다.

음주도 흡연도 고성방가도 절대 불가능한 전장이라는 사실이고,
1년 동안 오직 싸워 이기는 정신과 기술연마에만 골독해야하는 고
독한 수행자 생활의 연속이기 때문에 어느 정도 통제되고 제한된
일탈은 부분적으로 수용되어야 한다는 입장이었다.

다른 부대는 이따금 사상자가 발생 했지만,

**- 필자의 부대는 단 한 명의 사상자도 없었으며 승
승장구, 사기충천하고 있었다. -**

■ 필자만의 지휘 기법을 만들어 훈련을 통해 체득시켰다.

필자의 지론은 병사들이 오감(五感 ; 시각, 청각, 후각, 미각, 촉

각) 중 그 무엇이라도 느꼈으면 지체 없이 행동으로 옮겨야 한다는 것이다. 그러기 위해서는 전장에서 벌어지는 각종 상황을 연상할 수 있는 조건을 만들어 그 원인과 결과를 보여주며 반복해서 훈련을 함으로써 각자의 몸 상태에 맞게 자기 것으로 만들어야한다.

누가 잘하고 못하고 서열이 필요 없고 그냥 하면 된다. 몇 번 전투에 임해 보면 감각적으로 느낌을 받는다. 그래서 **'계급에 상관없이 전투 경험이 중요'**하다는 것이다.

특별히 신병 전입교육에 집중을 하고 이어서 분대 단위 종합훈련을 시작하게 된다.

필자가 특별히 관심을 둔 분야는 다음과 같다.

① 필자의 각종 신호를 만들어 모두 숙지시킨다.
② 상황에 적합한 간이 훈련장을 만들어 숙달시킨다.
③ 담력을 기르는데 집중한다.
④ 작전 투입 전에 반드시 2회 교육을 한다.

• 필자의 각종 신호를 만들어 모두 숙지시킨다.

일단 전투에 투입이 되면 일체 말을 할 수 없다.
가장 간명한 수신호를 만들어 부대를 지휘할 수 있도록 했다.
필자가 주먹을 쥐면 멈추고 앉는다. 펴면 일어나 이동을 한다.

앉을 때는 반드시 지그재그로 경계에 들어간다.

이동 간 갑자기 적과 조우했을 때는 **'쏠까요? 가 아니라 먼저 보고 먼저 쏜다.'** 통상 갑자기 마주치면 쌍방이 얼어붙어 방아쇠를 당기지 못한다. 이를 방지하기 위해 평소부터 순발력과 즉각 조치 능력을 단련시킨다.

첨병과의 교류이다. 첨병과 필자의 거리는 통상 20~30m 간격을 두고 육안으로 수신호 교환이 가능해야 한다. 전방에 이상 징후를 발견하면 첨병에 의해 중지 신호를 받고 필자를 호출한다.

전방 소 개울에 적 2명이 무언가 하고 있을 때, 판단을 잘 해야 한다. 그 주변에 주력이 있다는 가정을 하고, 일단 먼저 사살을 한 다음 상급부대에 이동로 변경을 보고하고 좌나 우로 우회를 해야 한다. 작전 상황도가 포병화력진지에서 공유를 하고 있기 때문이다. 이렇게 우리의 기도가 폭로 되었을 때 주도면밀하게 행동하지 못하면 대량 피해를 볼 수 있다. 지휘자의 기지가 발휘되어야할 시점이 된 것이다. 지금보다 조금 더 병사 간 거리를 벌리고 신속하게 그 지점을 빠져 나와야 한다.

매복 간에는 신호 줄을 연결하여 적 발견과 크레이모어 폭발 등을 당기는 횟수로 작전지휘를 하고, 매복지점과 중(소)대 본부와 무선교신은 음성이 아닌 한번 후 불고, 두 번 후후 불고 등 바람소리로 교신을 한다.

• 상황에 적합한 간이 훈련장을 만들어 숙달 시킨다.

거창하지 않게 현지 작전에서 봉착하게 되는 상황을 연상할 수 있으면 된다. ① **'앞서 작전 간 조우에 대비해서'** 왕복 5분 거리 (50~60m) 구간에 급작사격을 할 수 있도록 숲속에 10개의 표적을 설치해서 즉각 조치 사격훈련을 한다.

전입신병은 혼자서 표적 당 3발 씩 연속사격을 하게 되고 시간과 명중 발수를 확인해서(5분 내 24발 이상 합격) 불합격 시 재 사격에 들어간다. 합격할 때까지 반복훈련을 하게 된다.

② **'크레이모어 폭발 실험을 위해'** 참호를 구축한다. 폭발 지점과 약 5m 정도 이격 시켜 폭음과 후폭풍을 경험시킨다. 정상적으로는 30m 정도에 설치하고 지면에서 90도 유지를 시키지만 필자는 10도(100도) 정도 더 당기도록 했다. 실제 전투 현장에서 사살 당한 베트콩을 보면 하체 부위에 부상을 입고 밤새 신음을 하면서 익 일 전과 확인 차 나간 병사를 향해 죽어가면서 소총을 발사하여 피해를 보는 경우가 있었다. 이를 방지하기 위해 가슴 부분 타격을 위한 수단이다.

실제 훈련에서는 5m 정도 전방에 설치해서 크레이모어 격발기를 누르도록 한다. 당연히 병사가 있는 곳은 참호가 구축되어 있다. 터뜨리면 그 폭음과 불빛 후 폭풍에 의한 흙더미가 참호 속 병사를 완전히 덮어버린다. 그리고 전방에 설치된 가표적은 산산조각이 나 있다. 참고로 1발 당 700~800개의 볼 베어링이 전방좌우

45도 방향으로 비산함으로써 밀집된 1개 소대 정도를 섬멸할 수 있다.

병사는 말로만 듣던 크레이모어의 위력을 체험함으로써 베트남전에 자신감을 가질 수 있다.

③ '**수류탄 투척훈련장을 만들어**' '**공중폭발**'을 경험시킨다.

살상효과를 높이는 것으로 상당한 훈련이 필요하다. 즉 안전핀을 뽑고 통상 4~5초 이내에 폭발하는 것을 단축시키는 것으로, 일반적으로 하나, 둘에 투척을 하면 20~30m 날아가서 지면에서 폭발하지만, 하나 둘 셋에 투척을 하면 지면 닿기 직전에 폭발하여 더 많은 살상효과를 볼 수 있다.

'**베트남전 매복 작전 전투방식**'은 1차 크레이모어 폭발, 2차 수류탄 투척, 3차 개인화기 사격으로 되어 있다. 그런데 1,2차는 적이 아군의 위치를 감 잡을 수 없지만 개인화기 사격을 하면 기도가 폭로나기 때문에 최종 수단으로 신중히 결정해야 한다. 따라서 개인이 휴대하고 움직일 수 있는 탄약의 수량이 최대 크레이모어 2발, 수류탄 4발, 탄약 120발 정도로써 단기작전만 가능하고 장기작전을 위해서는 추가 보급을 받아야 함으로 최대한 살상효과를 높이는 수단을 강구해야 한다.

베트남전 전입 신병들은 처음엔 상당히 당황하고 1차 성공하는 병사는 거의 없다. 그러나 전사(戰士)를 양성하는데 아주 효과적이다.

④ '부비트랩 훈련과 함정 경험을 시킨다.'

먼저 부비트랩과 함정의 실물을 견학시킨다.

아울러 이로 인한 피해의 정도와 작전에 미치는 영향을 설명해 준 다음 실습에 들어간다.

부비트랩은 인계철선으로 다양한 폭발물의 안전 고리에 연결되어 있어서 건드리면 안전핀이 뽑히고 공이가 뇌관을 치게 되는데 이 때 미세하게 딱 치는 소리가 들린다. 그 소리를 연상시켜 두는 것이 중요하다. 인계철선은 거의 발견이 되지 않을 정도로 위장이 되어 있고, 발목 높이 정도로 낮기 때문에 육안으로 식별하기 어렵다. 따라서 첨병에 의해 신체적으로 해결하는 것이 가장 유리하다. 즉 첨병과 지휘자가 판단했을 때 위험하다고 판단이 되면, 첨병을 20~30m 정도 뛰게 한 후 엎드리도록 하는 것이다. 그 후 5분 정도 대기했다가 별 상황이 없으면 본대를 이동시키는 구간 전진 방식을 채택한다.

함정은 사람 목 높이 정도의 구덩이를 파서 그 바닥에 대나무 또는 단단한 나무로 창을 만들어 꽂아 놓았다. 무심코 떨어지면 심하면 사망도할 수 있고 부상을 면치 못한다. 주변과 똑같은 위장을 해 두었기 때문에 역시 육안 식별은 거의 불가능하다. 때문에 첨병의 탐침 봉으로 수시로 체크를 해야 한다.

훈련 방식은 부비 트랩은 조명지뢰를 이용하였고, 함정은 창은 설치하지 않고 구덩이만 파 두었다. 대신 깊이를 한 길 넘게 해서 공포감을 느낄 수 있도록 대체했다.

　전입 신병들은 대부분 이 과정에서 실신, 기절을 하는 겨우도 있다. 인계철선을 건드려 조명탄이 터지며 불꽃이 솟는 모습과 함정에 쿵 떨어지는 순간이 부지불식간에 벌어지기 때문에 난생 처음 느껴보는 공포감에 얼굴색이 하얗게 변하게 된다. 그러나 이 과정은 생생한 산 경험이며 베트남전에서 살아남을 수 있는 바탕이 되는 것이다.

　우리가 일반적으로 **'훈련은 곧 전투다.'**라는 말을 많이 사용한다.
　베트남 전쟁을 경험한 장병들은 더 이상 설명이 필요가 없다.
　어떤 지휘자를 만나 어떤 교육을 받았느냐에 따라 생과 사를 넘나들 수 있다. 가혹하고 잔인하다할 정도로 실전적 훈련을 함으로써 **'그들과 필자는 무사히 고국 땅을 밟을 수 있었다.'**

　• 담력을 기르는데 집중하였다.

　앞서 각종 실전적인 훈련을 통한 체계적인 담력 배양도 있지만 다양한 또는 예상을 뒤엎는 방식을 동원하기도 한다.
　왜 여기에 집중을 하느냐 하면, 가끔 매복 작전 중에 잠시 가면을 하는 경우가 있다. 이 때 베트콩에 의한 기습을 당하는 꿈을 꾸는 **'가위눌림 현상으로 '악' 비명을 지르는 경우가 있다.'** 이렇게 되면 부득이 야밤에 위치를 변경해야 하는 위험과 고통을 전 대원이 당해야 하는 불상사가 일어난다. 크레이모어는 격 발기를 누르면 전류가 발생해서 전기식으로 폭발하도록 되어 있다. 가끔 지형에 따라 추가적으로 설치해야 하는 경우에 격 발기 부족으로 배터리를 이용해서 크레이모어 선 끝부분을 접촉시킴으로써 격발시키는 경우가 있다. 전입신병이 과연 이게 터질까 걱정을 한 나머지 한 번 살짝 갖다 됨으로써 폭발하여 야밤에 온 천지를 진동하게 만들어 그 작전을 완전히 망치게 만든 경우도 있다. 등 등, 담력과 자신감, 밀려오는 공포감을 떨쳐야만 비로소 전투 인이 되는 것이다. 이렇게 만드는 것은 오로지 지휘자의 몫이다.

'필자만의 담력 키우는 방법으로써,' ① 전방에서 필자 방향으로 포복전진을 시킨 후 그 병사 좌우 30~50cm 간격을 두고 필자가 직접실제 실탄 사격을 한다.(필자 외에 누구에도 위임하지 않음) 가끔 지면에 작은 돌이 튀어 병사에게 경미한 상처를 입히기도 하지만 전장의 접전 분위기를 느낄 수 있는 방법이다.

② 실제 전투 간, 피살된 적에게 확인 사살 명분으로 추가 실탄 사격이나, 수류탄 투척, 크레이모어 발사를 명령하기도 한다.

전투는 야간에 이루어 졌고, 확인은 낮에 함으로써 병사들이 두 눈으로 느끼는 전장의 참상은 극에 달한다.

③ 외곽 초소 한 곳을 훈련용으로 만들어 전입신병이 단독으로 철야 근무를 하도록 한다. 무전기를 휴대시켜 무전 교신과 상황 처

치 능력을 확인한다. 무전 교신은 야간작전간 육성으로 말을 할 수 없기 때문에 '지휘소에서 한 번 불어라, 두 번 불어라 식으로 수시로 교신을 한다.' 낮에 미리 가상 표적을 설치해 두고 야간 근무 중에 무전으로 상황 조치 훈련을 명령한다. 수타 식 조명탄도 터뜨리고, 순서에 의해 크레이모어, 수류탄, 소총사격 까지 혼자 독단으로 처치한 후, 날이 밝으면 분대장과 같이 전방을 확인 한 다음 상황을 종료시킨다. 혼자서 완벽하게 해냈다는 자신감과 함께 밤이 두렵지 않고 자기 책임 구역을 완벽하게 지켜냄으로써 비로소 베트남전 전투 인이 새롭게 탄생하게 된다. 하룻밤을 꼬박 각종 상황을 처리 하면서 긴장으로 지새운다는 것, 예사로운 일이 아니다.

그러나 '**해 내야만 살아남을 수 있다.**' 필자는 이렇게 위로하고 그날 하루를 푹 쉬도록 시간을 부여한다.

• 작전 투입 전에 반드시 2회 교육을 한다.

필자는 이 시간을 가장 중요하게 여기고 심혈을 기우리며 최선을 다해 교감이 이루어지도록 노력한다.

밥은 먹지 못하더라도 이 시간을 놓치지 않는다.

그래서 병사들도 이 시간을 기꺼이 받아드리면서 많은 질문도 쏟아 낸다. 통상 한국에서 간부 위주 교육을 하고 훈련이나 각종행사 등을 치르게 되지만, '**베트남전에서 병사들을 무슨 영문인지도 모르고 끌려 다니는 존재로 두어서는 안 된다.**'

개개인이 완전한 전투 인으로써 완성된 단위대로 인정을 해야만 한다. 혼자서 어떤 전투를 종결시켜야만 하는 경우가 다수 발생하기 때문이다.

① 먼저 분대장과 선임하사관(부사관), 소대본부, 지원포병 연락하사관(부사관)을 상대로 교육을 한다.

작전지역의 환경, 적 상황, 각종 준비물, 그리고 지도상에 표기된 작전 상황도를 상세하게 설명해 주고 개별 임무까지 부여한 다음 지난 작전과 비교해서 설명해 주는 것도 잊지 않는다. 이 내용을 분대 원에게 상세하게 설명하도록 한다.

② 전 소대원에게 한 번 더 종합 설명을 한다.

• 전장의 감응을 한시도 잃지 않도록 했다.

"전쟁터에 나간 군인이 포성, 폭음, 굉음, 조명, 사방에서의 총성, 적막감, 공포에 이은 전율을 두려워해서는 안 된다."

포위망에 갇힌 적이 탈출을 위해, 항공기 교체로 인해 잠시 조명이 꺼진 틈을 이용해서 우군의 1개 소대 정면에 1개 대대가 돌파를 시도하면서 좌우에서는 예광탄이 들어 있는 기관총을 교차 연발 사격을 하고, '월맹군(북 베트남 군) 여군 집단의 '야-야-' 하는 함성과 함께 일제히 포위망 탈출을 시도하는 장면을 지켜보는 심정을 어떻게 이해해야 하는가!'

그 소대는 주어진 베트남 식 전투방식대로 전투를 했지만 중과부적(衆寡不敵 ; 적은 수효로 많은 수효를 대적하지 못함)으로 대량 피해를 보고 말았다. 수습된 소대장의 시신 옆에는 구멍이 뚫린 철모가 있었다.

필자의 인접 소대로써 열심히 지원사격을 했었지만 야간전투에서 소총의 위력은 미미하기 짝이 없었다.

그 때 상대는 북(北)베트남 월맹 정규군이었다.

돌파된 현장의 쌍방 피해 규모는 거의 1:1 수준으로써 방비가 소홀한 지점을 이용한 집중 돌파의 효과를 실감하는 현장이었다.

돌이켜보면 그 때 현장은 **'고보이 평야지대작전'**으로써 필자는 작전이 계속되면서 상당수의 적이 전방에 있을 것으로 판단을 했다. (여기저기 흩어져 있는 대변, 취사 흔적 등) 그래서 중대에 요청했다. 윤형철조망(1 롤, 15m 정도)을 긴급 공수해 달라고 했다. 베트남 작전에서 아주 이례적인 현상으로써 중대장도 당황했지만 승인되어 10 롤이 공수되었다. 필자 정면에 5롤, 나머지는 타 소대 정면으로 옮겨졌다. 필자는 이를 꼼꼼하게 설치하고 크레이모어와 유기적으로 작전이 가능하도록 했다. 날이 저물고 사방에서 총성이 들렸지만 우선 마음이 편안함을 느꼈고 전투 승리에 자신감이 충만 했다.

밤 10시 경 선임하사 조에서 2명이 들어오고 있다고 했다. 2명을 보고 크레이모어 발사가 아깝게 여겨져서 더 유인해서 소총으로 사살을 하라고 했다. 철조망 사이를 비집고 들어오기 때문에 달리 도망 갈 곳이 없는 곳이다. 드디어 발사해서 두 명을 사살했다.

여기저기 타 부대에서 부분적인 전과 보고 소식들이 들렸다. 분명히 적은 방비가 소홀한 곳을 확인하는 중이라 생각했고 02시 경, 위 돌파가 필자의 바로 인접소대 지역에서 벌어졌다.

철조망을 설치하지 않았다면 분명히 필자 정면을 돌파했으리라고 단언한다. 주변을 둘러봐도 지형적으로 무척 불리한 곳에 필자의 소대가 배치되어 있음을 인식하고 **'초유의 철조망 설치를 요청'** 한 것이 주효하여 중(대)대장으로부터 많은 칭찬을 받았고 전과에 따른 포상도 받았다. 피해를 입은 인접 소대는 타 대대의 우측 소대였다.

날이 밝자, 2명의 피살자를 앞에 두고 조식을 하도록 했고 이어서 신병부터 다시 한 번 더 확인 사살을 하게했다.

또 다른 상황으로써,
'모시든 대대장님께서 아침 일찍 도로 순찰을 나가셨다가 기습을 받아 전사하셨다.' 인근 촌락에서 저격수가 쏜 총탄이었다. 곧바로 그 촌락은 포위가 되었고 야간 매복으로 이어졌다. 이튿날 방송을 통해 양민(良民)들은 자진해서 나오라고 했고 12시부터 수색에 들어가서 발견되면 모두 사살된다고 했다. 당시 각 지역마다 베트콩과 양민을 구분할 수 있는 시스템이 있어서 곧바로 구분이 가능 했다.

수색이 개시 되었는데 필자의 우측 분대에서 할머니 한분을 발견했다. 규정대로면 곧바로 사살해도 된다. 필자가 두 눈으로 확인한 그 분은 공포에 떨고 있었고 노쇠해 있었다. 쏘지 말라고 했고 지하로 들어가 숨어라 했다. 전장 터이고, 우리 대대장께서 돌아가셨지만 인도적인 부분은 팽개칠 수 없었고 돌이켜 생각해도 잘 선택한 것이라 생각이 된다.

이어서 주변 산악지대 수색에 들어갔다. '박마산'이라고 상당히 험준한 지역이다. 역시 필자 소대는 대대의 첨병소대로써 선두에서 수색을 하게 되었다. 둘째 날, 잘 위장된 동굴을 발견했다.

'동굴작전'을 준비했다. 먼저 동굴 주변을 광범위하게 수색을 마친 다음, 수색조와 경계조로 나뉘어 임무를 부여하고 작전에 들어갔다. 먼저 공수해온 화염방사기를 발사하고, 수류탄을 투척한 다음 소총사격을 요란하게 퍼부었다. 잠시 후 전등을 밝히며 수색해 들어갔다. 젊은 여성 2명이 쓸어져 있었다. 신음 소리 하나 내지 않고 죽어 있는 것이 신기했다. 그 속에는 식량, 장약(폭발물 제작용)이 있었고, 한 쪽 구석에 **'우리 대대장님의 철모와 가슴에 다는 지휘관 휘장 그리고 권총이 있었다.'**

무언가 울컥함이 목구멍까지 치밀러 올라왔다.

이 놈 저격수를 잡았어야 하는데, 아쉬움을 남긴 체 그 작전이 종료되었다.

병사들은 한 시라도 탄약이 장전된 소총을 들고 다녀야 한다. 화장실에 갈 때도, 휴식을 할 때도, 식사를 할 때도 한 몸이 되어 있어야만 한다. 홀몸으로 건성건성 다니는 것이 필자의 눈에 띄면 그는 죽음에 가까운 혹독한 훈련으로 벌을 받아야 한다.

틈만 나면 총을 쏘고 수류탄을 던지고 진지에 투입이 되고 분대 단위 종합사격을 하도록 한다.

베트남전에서 각종 실탄사격은 보고 없이 소대장 맘대로 할 수 있다. 소모된 탄약은 보고하면 당일 또는 익 일 곧바로 보급이 된다.

그 외 각종 보급품 역시 곧 바로 재보급이 됨으로써 **'전투물자 부족으로 인한 전투에 지장을 받은 경우는 없다.'**

여기에서 잠시 **'전쟁 일반론'**을 잠시 얘기할 필요가 있겠다.

'오늘날에 전쟁을 군수전쟁(logistic war)'이라고 한다.

제 아무리 우수한 전쟁무기가 개발되고, 수많은 병력이 확보되어도 적시 적절한 군수보급 또는 병참보급이 이루어지지 않으면 전쟁을 할 수 도 없고, 더 길게 지속할 수가 없어서 전쟁에 패하게 된다.

대표적인 것이 한국전쟁으로써 북한 김일성이 초기 우세한 전력으로 파죽지세로 밀고 내려왔지만 병참선이 길어짐으로써 보급이 제대로 이루어지질 못해 낙동강 전선에서 제 힘을 다 발휘하지 못했다. 나폴레옹 군대가 유럽을 평정하고 소련으로 들어가면서 병참선이 길어짐으로써 전투병들이 기아에 허덕여야 했고 혹한의 추위까지 겹쳐 전쟁에 패했다. 일본이 2차 세계대전에서 대동아전쟁을 펼쳤지만 궁극적으로 팽창된 전선에 제대로 보급이 되질 못해 전 전선에 '독전을 강요' 했지만 한계에 부닥쳤고 2발의 원자폭탄에 항복을 했다. **'현지조달'**이란 수단이 있지만 이것은 예측도 불가능하고 많은 제한을 받기 때문에 병참지원에 하나의 보조수단일 뿐이다.

"베트남전에서 한국군의 군수보급은 최상의 상태가 유지 되었다."

반면에 아주 나쁜 선례도 있다.

잘 보급되는 군수물자를 유출해서(팔아먹어서) 전쟁물자가 말단까지 보급이 잘 되질 않고 최신 보급품, 탄약, 무기가 곧바로 적의 수중으로 들어가서 오히려 우리의 전쟁 물자에 의해 우리가 피해를 보는 경우가 있다.

대표적인 사례로써, **'중국의 국공내전'**에서 부패한 장개석의 군대가 미군의 우수한 전쟁 물자를 모택동의 공산군으로 유출시킴으로써 내전에서 패하게 되는 결정적 요인이 되어 대만으로 축출되었다.

'베트남전 역시 미군의 우수한 전쟁물자가 오늘 베트남군에 보급되면 내일 곧바로 베트콩 손으로 들어감'으로써 아군의 물자에 의해 아군이 피해를 본 경우가 다수 발생했다. 대표적으로 부비트랩용 장약의 대부분이 미군 보급품이었고, 이로 인해 많은 한국군이 피해를 보았다. 또한 이 장약으로 교량을 폭파해서 미군의 보급로가 차단되었다. 필자는 베트남전 마지막 3개월을 폭파되어 복구한 교량 경계를 담당한 적이 있다. 결국에는 부패한 베트남 군대의 무기력으로 말미암아 미군이 베트남전에서 패하고 만 것이다.

군수지원의 중요성은 백번을 강조해도 부족함이 없을 정도로 전쟁승패에 결정적인 역할을 한다.

전장과 비전장의 차이는 딱 한 가지, **'죽음이란 공포'**가 엄습하느냐 마느냐이다.

그래서 전투 경험과 무경험의 차이는 하늘과 땅 사이라고 보면 된다. 제아무리 비전투 상황에서 극기 훈련을 하고 모의 전쟁연습을 해도 **'전장의 감응'**을 경험한 것에 비유할 수 없는 것이 '죽음'에 대한 공포, 이어지는 공황을 어떻게 극복하느냐 하는 '엄연한 현실'이 있기 때문이다.

필자가 소개하는 상황들이 소부대 단위 상황들이라 우습게 볼 위험성이 있다. 특히 높은 계급에서 있는 사람 또는 있었던 사람들이 그렇게 볼 경향이 있다. 만약에 그렇다면 엄청난 시행착오를 불러 일으킬 수 있다.

모든 전쟁, 전투는 소부대 전투 단위에서 출발 한다는 것, 그래서 돌파구가 확장이 되고, 확전이 되어 전술, 작전, 전략적으로 전쟁 양상이 변화됨으로써 전쟁 승패가 결정되게 되어 있다.

바닥이 되어 있질 못한데 큰 그림만을 고집하면 보는 사람에게 감응을 줄 수가 없다. 우리가 가끔, **'디테일이 살아 있다.'**라는 말을 쓸데가 있다. 바로 전쟁, 전투의 결과가 이와 유사하다고 보면 된다.

전투 유경험자는 **'죽고 사는 경우를 안다.'** 그리고 전쟁이란 녀석이 불러일으키는 **'예측 불가능한 모호한 분위기'**를 읽을 줄 안다.

따라서 군사학교에서 익혀왔던, **'약진 앞으로'** 구호를 함부로 외치지 않고, **'나를 따르라'**는 진두지휘 정신과 기개를 발휘한다.

필자가 소부대 단위 전투에 관심을 기우리고, 전장의 감응을 중요하게 여기는 이유는 바로 **'대부대 전투의 승패와 전쟁 결과에 결정적인 역할을 할 수 있기 때문이다.'**

66 부존자원이 미약한 우리나라는 **'기업가가 존경받는 사회'**, **'젊은 청춘들이 나래를 펼칠 수 있는 사회'**로 대전환해야만 지금 단계에서 한 차원 더 높게 도약할 수 있다. 99

66 월맹군(북 베트남) **'여군 집단의 야– 야– 하는 함성'**과 함께 일제히 포위망 탈출을 시도하는 장면을 지켜보는 심정을 어떻게 이해해야 하는가!! 99

맺는 말

" 그럼에도 불구하고, 달려라! 또 달려라!
쉼 없이 달려라!
그대들의 어깻죽지가 처지면 안 된다.
대한민국이 늘어지게 된다.
아무리 둘러봐도
그대들만 한 든든한 주춧돌을
발견할 수 없기 때문이다. "

맺는 말

주권 국가는 군대를 둘 수 있고,
그 규모는 개별국가의 국력에 따라 달라질 수 있다.

군대를 조직하는 중심에는 **'직업군인'**이란 전문영역이 자리 잡고
있다.

'직업군인'의 삶과 여정, 목표, 인생관은 그 자체가 일반인과는
비교할 수가 없다.

이들은 조국을 향해 나지막하고 조심스럽고,
겸연쩍게, 실 날 같은 바람을 가진다.

"만약 내가 죽으면, 내 부모형제, 처자식은 국가와 국민이 잘 보살펴 주시겠지! ......"

이러한 삶은 직업군인으로 임용되는 순간부터 외길을 걸으며, 오직 이 한 몸은 국가 것, 국민의 것으로 여기고, 조국을 향해 밝고 환하게 비추다가 별똥별(유성:流星)처럼 살아지는 것을 영광으로 여기며 살아가고 있기 때문이다.

겉보기에는 허우대가 멀쩡하고 강단져 보이지만 능수능란한 화술에 약하고, 되돌려 칠 줄 모르고, 문장의 행간을 읽는데 약하며, 고지고식해서 대화에 여지를 남길 줄 모른다.

간단명료하고 간결하며, 단순하게 의사 전달을 해야 하는 것을 법도로 여기고 살아가는 인생들이라 **'군 생활'**이라는 이들만의 세계가 별도로 펼쳐 저 있다.

그럼에도 불구하고, 대한민국(이하, 한국)이라는 큰 축을 지탱하고 세계 속으로 박차고 나가기 위해서는 꼭 필요한 집단이다. 아귀다툼하고, 이전투구하고, 안면몰수하고, 시쳇말로 '내로남불'이 횡행해도 우리사회가 흘러가는 것은, 군대란 집단, 그 속에 '직업군인'이라는 백옥같이 순수한 집단이 자연정화를 시켜주기 때문에 '한국'이라는 거함(巨艦)이 대해를 항진할 수 있는 것이다.

숱한 세월(한국전쟁, 베트남전쟁 참여, 무장공비 침투사건, 연평도, 천안함 포격, PKO〈평화유지군〉 활동 등)이 흐르는 동안 이들은, 묵묵히 조국 강산을 지켜 왔었고 우리는 그 고마움과 가치를 마치 공기와 물처럼 가볍게 여겨왔으며 항간에는 군대를 우습게 보는 경향까지도 파다해 지고 있다.

더욱 가슴 아픈 것은, 잘 못된 것들은 콕콕 꼬집어 내어 노출시키고 이슈화함으로써 국민에게 순수 집단에 대한 인식에 오류를 심어주기도 한다. 크게 오해를 받는 것의 대부분은 그동안 주로 악성 정치 지도자들이, 정치 이념적 행위와 정파적 위기 탈출을 위해 군대와 직업군인을 이용한 것으로써 맹목적으로 동원된 것이다.

앞으로 정치권에서 군대를 이용하지 않으면 그냥 해결될 수 있다. 군대는 정치적으로 중립을 유지해야만 한다는 그 기본을 살려주면 된다.

군대란 언젠가 있을지도 모르는 전쟁에 대비해서, 국가와 국민의 부름을 받아 조직된 **'조국수호의 결성 체'**이다.

싸우면 이겨야 하고, 이기되 피해를 최소화해야 한다.
이를 위해서 평소 부여된 임무와 기능에 따라 실전과 같은 훈련을 해야만 된다.

이 훈련을 계획하고 기획해서 교수계획표를 만들고 수많은 예행연습을 통해서 정상 수준에 도달하게 만드는 것을 직업군인이 하고 이를 각개병사들에게 지도하는 것 역시 직업군인이 한다. 불철

주야 두 눈을 부릅뜨고 오직 이 한 길에 모두 청춘을 불사르는데도
"지금 직업군인은 불안하다."

겨우 군사적 용어가 소통될 만하면 전역을 해 버린다.

반복과 숙달은 꿈도 꿀 수 없다. 실전(實戰) 경험을 할 수가 없기
때문에, 전투력 수준을 정상궤도에 올려놓기 위해서는 무조건 치
밀하게 준비된 행동계획을 반복하는 수밖에 방법이 없다.

전 국토에 전개되어 있는 각 부대와 각개병사들은 모두 전, 평시
임무를 부여받아 있다.

평시 임무는 평소 내무생활 등 일상을 통해서 숙달이 가능하지만
전쟁 시 임무는 전혀 다르다.

'전쟁 시 임무(죽고 사는 문제)'를 소화해 내기 위해서는 년 간 전
반기 후반기 구분해서 2번, 이를 2번은 반복해야만 어느 정도 이
해를 할 수 있고(본인 임무도 알고, 인접 전우 임무도 이해하고),그
다음부터 전쟁이 일어나도 당황하지 않고 실전에 임할 수 있다.

이렇게 되기 위해서 필요한 복무기간이 최소한 30개월이 되어야
만 한다. 그래야만 전역하기 전에 후임이 들어오면 자기 임무를 인
계할 수 있다.

앞으로 진행되는 18개월로는 턱 없이 부족하다.

"그래도 잘 돌아가고 있잖아. 앞으로 병력 가용자원이 계속 줄어들잖아. 고도정밀 과학화시대에 무슨 병력 숫자 타령이냐. 하며, 신성한 국방의 의무가 정치인들의 표밭 다지기 수단으로 전락시켜버렸다."

정치인들의 정치놀음에 도끼자루 썩는 줄 모르고 지구상 가장 엄혹한 한반도 안보환경은 포퓰리즘(populism: 대중/영합주의)에 사로잡혀 세월을 소진하고 있는 와중에, 북한 김정은 군사집단은 병사들의 복무기간을 7년에서 10년으로 늘려 거의 '**전쟁/전투에 장인(匠人) 수준**'으로 만들어 놓고 있다.

전투는 신장과 체형으로 하는 것이 아니다. 북한군 병사가 전반적으로 왜소하다 해서 우습게 보는 경향이 있는데 전투는 방아쇠 당길 힘만 있으면 가능하다. 장인(匠人)과 평범한 근로자간의 싸움을 지켜만 보면서 요행을 바라고, 우리가 정권을 잡고 있는 동안, 내가, 우리 자식이 군 복무를 하고 있는 동안은 '**설마 전쟁이 일어나지 않겠지**' 하고, 기대하고 있다면 한시바삐 마음을 고쳐먹어야 한다. '**설마가 사람 잡는다.**'는 우리 속담에 귀 기우리기 바란다.

고도정밀 무기를 확보해서(경제력으로 해군, 공군력 강화와 각종 감시 장비 보강 등) 병력 열세를 보강해야지 재래식 군사력에만 치중하고 있다며, 그럴듯하게 합리화시켜 국민을 혼란시키고 있다.

그렇다면 미국은 왜 아프가니스탄 전쟁에서 빠져 나오지 못하는가?(2001년 10월 7일 ~ 현재) 탈레반이라는 민족세력과 주민들과의 끈끈한 연결이 자국의 안보환경을 교묘하게 이용하고 있고, 특히 아프가니스탄의 지형 조건이 한반도와 유사하다(화강암, 전반적으로 산악이고, 구릉지〈언덕, 비탈길〉).

이런 지형과 전장 환경에서는 항공, 함포, 포격 등의 위력이 반감될 수밖에 없다.

특히 지금까지 연합군(NATO와 미국군)의 최신 무기의 시험장처럼 갖다 퍼부었지만 그 효과는 전혀 없었다.

우주 과학화 시대임에도 불구하고, 백병전을 불사하는 지상군이 몸으로 부닥치는 게릴라식 전투가 횡행하고 있다.

따라서 북한은 어려운 경제상황에서도 병력 수를 줄이지 않고 오히려 '**특수전투 부대를 10만에서 20만으로 증강**'시켜 지금 벌어지고 있는 아프가니스탄 전쟁을 뚫어지라 바라보며 미래 전쟁에 대비하고 있다. 그러니까 상대가 지상군 위주 전투를 하겠다면, 그 상대도 지상군부대 + 한수 위의 화력과 기동력(재래식)으로 배비를 해야만 된다.

"아울러 북한이 최근 겁박하고 있는 비대칭전력(대량살상무기〈핵, 미사일, 화생〉)에 대한 배비는 또 다른 문제이다.

대화나 유화 수단으로는 이미 한계를 넘어버렸다.

같은 수준 또는 유사한 수준의 비대칭전력이 유일한 답이다.

이 부분은 본서의 초점이 아님으로 구체적인 설명을 줄인다."

전쟁 준비를 잘 갖추어 놓고도 전쟁에 패하는 경우가 많이 있다. 중국의 국공내전에서 장개석의 국부군이 우세한 군사력과 우방(미국)의 지원을 받고도 모택동의 공산군에 패했고, 베트남전에서 남베트남이 역시 우세한 군사력과 경제력, 우방의 지원이 있었음에도 북베트남에게 패했다.

모든 전쟁준비를 갖추고 있어도 전쟁에 반드시 승리해야만 한다는 결기와, 준비된 전쟁 장비와 무기를 효율적으로 활용할 줄 모르면 전쟁에 패하게 되고, 패전 국가로서의 온갖 수모를 다 겪어야만 하는 것이 **'인류 전쟁역사의 공통적인 현상'**이다.

한반도의 안보상황은 위 사례들을 반면교사로 삼아야 한다.

한국은 북한에 비해 경제력으로는 절대적으로 우위에 있다.

북한은 이를 극복하기 위해 군사력 증강에 집중해서 군사력 면에서는 절대적으로 우위를 확보하고 있다. 국제관계에서 군사력의 열세를 보완하기 위해서는, 합법적인 수단으로 '동맹' 이라는 안보협력관계가 있다.

아울러 지구상 그 어느 국가도 자국의 안보를 단독으로 유지하는 국가가 없다.

한미 동맹, 미일동맹, 조.중.러 우호협력 관계, EU의 NATO등

여기에서 한반도를 중심으로 한 동맹관계는 상당히 불균형적이

다. 이른바 북방 삼각동맹(조, 중, 러)은 견고한 반면에 남방 삼각관계(한, 미, 일)는 삐거덕 거리고 있다.

한국의 안보상황은 안녕하십니까?

직업군인 집단은 유구무언이다.

그러나 최선을 다하며 용을 쓰고 있는 애처로운 모습이 눈에 비치고 있다. 안보협력관계 유지는 국군통수권자 차원의 일이라 덮어두더라도, 당장 이 시간에 전쟁이 일어난다면 곧바로 부닥치는 것이 각개병사들의 임무수행 수준인데 갑갑하기 짝이 없다.

큰 훈련(각 군내 협동훈련, 육해공 합동훈련, 한미연합훈련, 각종 화력운용〈실탄사격〉 훈련 등)은 모두 중단되어 있고, 병사들은 훈련 냄새도 맡지 못하고 계속 교체 되면서, 직업군인 자신들만이라도 감각을 유지하기 위해 결연(決然)히, 간부위주 **'지휘 조 기동 훈련'**을 하는 등 발버둥을 치고 있다.

이를 때 일수록 병사들의 의지와 숙달 정도가 중요하다. 이 의지와 신념이 전군에 정착되어 있으면 국가안위는 일단 안심해도 되지만, 직업군인 집단이 생각 했을 때 어딘가 찜찜하고, 미심쩍은 분위기가 감돌면 조속히 수습해서 전력(戰力)의 누수를 막아야 한다.

군대의 전승(戰勝) 의지는 곧바로 국민의 안위와 국가의 운명과 직결되기 때문에 직업군인의 상황을 잘 살펴보아야 한다.

타고난 천성이나, 몸에 밴 직업정신, 그리고 국가관은 믿어 의심할 필요가 없지만 이런 세월이 길어지면 이들도 인간인지라 긴장의 끈을 놓을 수 있다.

필자가 늘 강조하는 어휘가 있다. **"군대를 물렁물렁하게 만들지 마라, 물 군대를 만들지 마라"** 이 모두는 직업군인에게 달려 있지만, 병사들의 복무기간을 정치 행위로 해석해서 군대에게는 물어보지도 않고(요식행위로 묻고, 일부 정치군인이 이에 화답하고) 결정해 버린 결과에 대해서는 직업군인들이 책임 질 수 없다. 아무리 노력해도 특정한 기간이 필요한 것을 인위적으로 해결이 안 된다는 것이다.

사회적인 사건과 비유하자면, **'가장인 남편이 돈 한 푼 갖다 주지 않으면서 부인 보고 집안을 꾸리라'**는 것과 똑 같은 현상이다.

그럼에도 불구하고, 직업군인은 달리고, 또 달리고, 쉼 없이 달린다.

험난한 세상, 무능한 남편을 탓할 겨를도 없이 부인은 달리고 또 달린다.

왜냐하면, 부인은 자식을 바라보고, 직업군인은 국민이 바라보고 있기 때문이다.

이러한 최악의 삶은, 어떻게 위기 극복은 겨우 피할지 모르지만, 각자 처한 환경에 따라 다양한 상처로 나타나서 궁극적으로 빈부의 격차로 확대되고 사회 갈등 요인이 되어 국민 통합에 장애 요인으로 남아, 아무것도 모르고 앞만 보고 치달다가 문득 뒤늦게 정신차려보면 '**버스는 이미 떠나가 버렸고**', 큰 부담만 떠안고 있음을 발견하게 된다.

"국가안보는 연극이나 영화의 연출처럼 해석되어서는 안 된다. 현실이고 생명처럼 다루어야 한다. 죽고 사는 문제가 걸려 있기 때문이다."

그래서 직업군인들은 허풍떨고, 빈 수레처럼 요란 하여 연설과 웅변처럼 과장함으로써 현실을 직시하지 못하도록 하는 행위를 아주 싫어한다. 말로 구호만 앞세우고 현실이 따르지 못하면, 겉으로 충성하는 척하지만 뒤돌아서, 천근만근 가슴 억누르는 고통을 참느라 애를 먹는다.

최근 국방 안보정책 최대 이슈로 떠오르는 '**국방개혁**'과 **전시작전통제권 환수**' 문제에 대해서, 직업군인 집단은 심각하게 받아드려야 하고 정신을 바싹 차려야 한다.

100% 군사전략(국방부 장관 업무 소관, 싸워서 이기는 길)에 관한 업무를 대통령이 국군통수권자라고 해서 임기 내에 완수하겠다. 하고, 이를 역으로 환산해 부리나케 추진을 하면 무리수를 두게 된다. 위 두 과업은 상대(**북한 김정은 군사집단, 군사력은 증강시키고, 병력 감축은 단 1명도 하지 않음**)가 있는 것이기 때문에 서두를 이유가 없다. 차고 넘치는 자신이 있어도 곱씹고 곱씹어서 맨 나중에 결론을 내려도, 늦었다고 질타할 사람 없다.

국가 안보 문제를 정권의 업적, 특정 개인의 업적으로 처리하기에는 너무나 심각할 정도로 '**국운(國運)**'이 걸려 있는 문제이기 때문이다.

국가안보는 영속성이 있어야하고 그 과정에서 점진적인 변화를 추구해야지, 좋은 아이디어가 떠올랐다고 해서 급작스런 변화를 추구해서는 안 된다. 그래서 정권의 변화와 권력의 부침과는 거리를 두고 묵묵히 소임을 수행해야만 한다.

"**오직 주변 안보환경의 변화와 상대국가(김정은 군사집단) 군사전략의 변화에만 촉각을 곤두세워야 한다.**"

현역 직업군인은 최악의 근무여건에도 불구하고 일체의 불평불만 없이 맡은바 소임을 훌륭히 수행하고 있다.

왜냐하면, 자기가 결심한 인생여정이기에 그 과정에 나타나는 책임과 결과에 대해서 절대 남의 탓으로 돌리지 않고 모두 감싸 안고 가는 소명의식이 있기 때문이다.

이런 집단을 보유하고 있는 국민은 행복하다.

그동안 세금 내어 국군을 조직하고 운영한 보람을 맛보는 것이며 북한 김정은 군사집단이 불꽃놀이 하듯 미사일을 쏘아 올려도 우리 사회가 크게 동요하지 않고 안정을 유지하는 것은 대북 유화정책 덕분이 아니라, 바로 직업군인 집단이 버티고 있는 군대가 건재하기 때문이다.

"인생만사에도 명암(明暗)이 있듯이 직업군인 집단에게도 짙은 명암이 있다."

세월이 흐르면 잘 숙련된 노련한 직업군인들도 어쩔 수 없이 군복을 벗고 민간인으로 돌아 가야한다.

이들 대부분은 내일 전역을 하는데도 자기 앞길 보다는 그동안 생사고락을 같이 했던 근무지를 걱정하면서 다독거리기에 바쁘다. 왜 이렇게 바보 같은지 모르겠다. 그 질긴 인연의 끈을 놓지 못해 돌아보고, 또 뒤돌아보며 그동안 잘 못한 것들만 주마등처럼 뇌리를 스쳐지나 간다.

부인은 짐 싸기에 정신이 없고, 자식들은 옮기게 될 새로운 환경, 학교, 친구들에 대해 오만가지 걱정을 하는데도 '아비'는 오늘도 근무지에서 돌아오질 않는다. 그리고 가족들에게 앞으로 어떻게 살아갈 것이라는 비전도 얘기해 주질 않고 무심하게 지낸다.

전역을 한 첫날, 잠을 설치는 동안 새벽이 밝아오고 자신도 모르게 06:00 시에 눈을 번쩍 뜨면서 출근 채비를 하지만, 군복은 온대 간대 없고 밝은 햇살이 눈을 부시게 하는데 현실이 조금씩 다가온다. **아! – 나 이제 민간인이지!** 오늘 어디 한 번 나가서 둘러보기로 하자!

몸에 맞지도 않은 깨끗한 사복을 걸치고 나갈 채비를 한다. 부인은 뭔지도 모르면서 잘 다녀오라고 배웅을 한다. 어니 알면서도 모른 체 할 수도 있다.

갈 곳도 오라는 곳도 없다.

차가운 도회지 거리를 헤매 본 적 있는가!

"무심한 저 시선들, 싸늘한 표정, 영혼 없는 대화, 투명인간 취급하는 무뢰 함, 인격 모독적 언사들(옛날 계급이 밥 먹여주나), 일단 한 번 밟아 보려는 소영웅 심리들, –"

직업군인들은 그 현장을 도망치듯 빠져 나온다.

혹여 나로 인해 다른 동지들이 더 많은 수모를 당할라, 이런 경험은 나 혼자만으로 충분하다. 혼자 중얼거리며 엷은 미소를 띤 체 툭툭 털고 나온다.

광속도로 변해가는 사회 변화상을 긍정적으로 받아드리자.

이렇게 자문자답 하면서 ...

필자는 이제, 마무리 글을 실으려 하는데 왠지 자꾸만 글 곁을 떠나기가 싫어진다.

직업군인이었으면서, 직업군인들이 미쳐 못 다한 말들, 심중에 가시 꽂혀 있는 말들을 다 순화해서 실어 표현을 했는지, **'두려움과 걱정 그리고 시원함의 3중주'**가 한꺼번에 밀어닥치기 때문이다.

『**그럼에도 불구하고**』 필자의 맘은 이렇다.

오랜 군 경험과 사회 경험 그리고 단 하루도 쉼 없이 종사해온 국가안보 분야 경험을 바탕으로, 열심히 살아가고 있는 예비역 선, 후배 그리고 열악한 여건 아래서 최선을 다해 복무하고 있는 현역 후배들에게, 직업군인을 꿈꾸는 청춘들에게, 아울러 우리 사회에서 이미 기반을 구축하고 생업에 열중하는 국민들에게, 직업군인의 삶과 애환 그리고 이들의 소박한 꿈과 희망, 조국과 국민을 향한 변함없는 사명의식이 무엇인지를 조심스럽게 전달하고픈 심정으로 본서를 집필하게 되었다.

다시 한 번 본서를 몇 줄로 요약한 것이다.

일반적으로 사람들은 어떤 중압감에서 벗어나기 위해, 체념하듯, 또는 주문(呪文)을 외듯, 이런 말을 한다.

– 그저 살다보면 살아진다. –
직업군인은 절대 입에 담아서는 안 되는 말이다.

직업군인은 뚜렷한 '**목표와 사명의식**'을 가지고 살아가야 한다.
- **목표** : 국민의 생명과 재산, 영토를 보위 하는 것.
- **사명의식** : 이 한 목숨 조국과 민족을 위해 초개(草芥)와 같이 던지겠다.

그동안 많은 지도와 편달을 아끼지 않은 선후배 제현들에게 깊은 감사의 인사를 올리면서 마무리를 합니다.

2020. 2. 서울 어느 외진 녘에서

정 진 호

66 직업군인은 조심스럽게 되뇌어 본다.

'만약 내가 죽으면 내 부모형제 처자식은
국가와 국민이 잘 보살펴 주시겠지...'

그리하여 조국을 위해 **'바람처럼, 구름처럼,**
별똥별(流星)처럼' 사라져도 만면에 미소를 머금으며 간다. 99

66 **청춘들이여! 직업군인의 길을 선택해 보라 !!**

▶ 아무런 백(back)이 없어도, 무일푼이라도,
'자수성가'할 수 있는 유일한 집단이다.

▶ 글로벌화 된 국제관계 안보환경에서 유일하게
'신분의 보장과 인정'을 받을 수 있다. 99

"매사가 단순 명료해야 하고,
곡해(曲解)하기를 너무나 싫어하는
순수집단 직업군인!

이들의 머리를 복잡하게 만들고 상상력을 동원하게
하면, 스스로 군대를 미워하게 된다.
건들지 말고 두면, 모든 것을 스스로 자연정화 한다."

「그럼에도 불구하고」
달려라, 직업군인

초판 발행일	2020년 2월 25일
저 자	정진호
발행인	정진호
발행처	도서출판 星山

등 록	제 1998-000024 호(1998년 4월 25일)
주 소	서울특별시 용산구 서빙고로 237
전 화	(02)-792-0232
팩 스	(02)-792-2475
메 일	rispa8807@naver.com
ISBN	978-89-969280-5-8

값 : 15,000원